U0581208

四川省社会科学院建院**60**周年学术精品文库

中国区域创新指数报告
（2015—2017）

Report of China Regional Innovation Index
（2015-2017）

四川省社会科学院
中国科学院成都文献情报中心 ◎ 著
创新与发展战略研究中心

人民出版社

策划编辑:郑海燕
责任编辑:李甜甜
封面设计:吴燕妮
责任校对:周晓东

图书在版编目(CIP)数据

中国区域创新指数报告.2015—2017/四川省社会科学院,中国科学院成都文献情报
　中心,创新与发展战略研究中心 著. —北京:人民出版社,2018.12
ISBN 978－7－01－019949－8

Ⅰ.①中…　　Ⅱ.①四…②中…③创…　　Ⅲ.①区域经济-国家创新系统-研究报告-
中国-2015-2017　Ⅳ.①F127

中国版本图书馆 CIP 数据核字(2018)第 237989 号

中国区域创新指数报告(2015—2017)

ZHONGGUO QUYU CHUANGXIN ZHISHU BAOGAO (2015—2017)

四川省社会科学院　中国科学院成都文献情报中心　创新与发展战略研究中心　著

人民出版社 出版发行
(100706　北京市东城区隆福寺街 99 号)

北京中科印刷有限公司印刷　新华书店经销

2018 年 12 月第 1 版　2018 年 12 月北京第 1 次印刷
开本:710 毫米×1000 毫米 1/16　印张:10.75
字数:154 千字

ISBN 978－7－01－019949－8 定价:46.00 元

邮购地址 100706　北京市东城区隆福寺街 99 号
人民东方图书销售中心　电话 (010)65250042　65289539

版权所有·侵权必究
凡购买本社图书,如有印制质量问题,我社负责调换。
服务电话:(010)65250042

创新是引领发展的第一动力

2018年3月7日,习近平总书记在参加广东代表团审议时曾指出,"发展是第一要务,人才是第一资源,创新是第一动力。中国如果不走创新驱动道路,新旧动能不能顺利转换,是不可能真正强大起来的,只能是大而不强"。当前,全国上下正按照党的十九大提出的"加快建设创新型国家"战略部署,加快推进各领域创新活动,创新文化日渐浓郁,创新成果不断涌现,创新引领民族进步的力量更加强大,每一个中国人无不享受到创新带来的好处,无不感受到创新迸发的力量!

创新是一个复杂的系统工程,它对一个国家、一个民族的重要作用,很难用只言片语去描述、定义和阐释。发布《中国区域创新指数报告》的想法由来已久,在2015年3月尤为强烈。那年,习近平总书记在参加十二届全国人大三次会议上海代表团审议时强调"惟改革者进,惟创新者强,惟改革创新者胜",发出创新最强之声,让我感触很深。后来,在和中科院成都文献情报中心专家交流过程中,发现他们对此也饶有兴趣,于是先后与中心原主任方曙研究员以及现任主任张志强研究员商量,由两家单位联合组建团队,对全国地级市创新情况进行持续关注和综合评价。对全国各省创新活力的评价已有很多,但是以地级市为评价对象,当时还未见先例。为了更好地组织开展研究,我们专门成立了四川省社会科学院创新与发展战略研究中心。时至今日,我们已经连续三年发布《中国区域创新指数报告》,今后我们仍将每年定期向全社会公开发布,力争为我国区域创新发展作出贡献。

在新时代，中国区域创新呈现出诸多新形势、新变化、新特点，需要对区域创新发展最新态势进行准确把握，找准未来区域创新主攻方向。《中国区域创新指数报告》最大的特点是在国内首次以地级市（包括副省级城市）为基本研究单元，我们称为创新元，并从创新环境、创新投入和创新产出三大维度建构中国区域创新评价指标体系，对我国地级市的创新活动进行综合评价。这既是对新时代中国区域创新理论的有益探索，也对推动区域创新实践有着重要的借鉴和参考价值。我们强调研究方法的创新，注重对区域创新规律的精准把握。

三年里，我们除了一以贯之地关注报告主题——创新元的创新指数变化趋势，还关注国家重点发展城市群、"一带一路"倡议、长江经济带等热点区域创新指数变化，关注京津冀协同改革创新、四川军民深度融合发展改革、武汉产业转型升级等区域创新实践。可以坦言的是，在《中国区域创新指数报告》研究过程中，我们也曾遇到过许多曲折和困难，有的方面几乎是"从零做起"，但最终还是努力地坚持过来，我想主要基于以下三个方面：

一是强烈的国家意识。党的十八大和十九大将创新驱动发展上升到国家战略高度，是要通过创新来推动中国改革发展及中华民族的伟大复兴。我们的这项研究，不仅仅代表着个人的兴趣爱好，更多的是为国家创新发展"鼓与呼"。正是这样的国家意识和家国情怀，支撑着我们克服研究中遇到的种种困难。

二是强烈的公益意识。我们开展这项研究，是作为第三方科研机构独立完成，未受任何单位和个人委托，没有任何官方行政干预，更没有任何营利组织参与，正因不受任何功利和私利"绑架"，得以完全站在中立的角度，交出一份客观、公正、科学的报告。希望通过我们的努力，为有志于对中国区域创新进行理论研究和实践推动的广大学者、政府官员提供有益的参考和借鉴。

三是强烈的担当意识。坚持发布《中国区域创新指数报告》是时代赋予我们的责任，是一名智库工作者的应有担当。我们的初衷是更好地为实施创新驱动发展战略服务,努力寻找推动高质量发展的最佳方略。主动为国家战略提供理论支撑和咨询服务,既是我们的"初心",也是我们的本职工作,我们将一如既往、殚精竭虑地为新时代创新驱动发展贡献力量。

苟日新,日日新,又日新。创新,是一个民族进步的灵魂,既是一个国家兴旺发达的不竭源泉,也是中华民族最深沉、最独特的民族禀赋。在中国特色社会主义新时代,创新必将带领我们走得更远,走得更好,引领我们最终实现中华民族伟大复兴的中国梦。

斯为序。

李 后 强

四川省社会科学院党委书记、教授

2018 年 5 月 15 日于百花潭

目　　录

第三部分　中国区域创新指数报告（2017）

第一部分

中国区域创新指数报告（2015）

研究团队名单

项目顾问

李后强　四川省社会科学院党委书记、教授
　　　　创新与发展战略研究中心名誉主任

张志强　中国科学院成都文献情报中心主任、研究员

项目负责

郭晓鸣　四川省社会科学院副院长、研究员
　　　　创新与发展战略研究中心主任

项目执行

廖祖君　四川省社会科学院区域经济与城市发展研究所所长、研究员
　　　　创新与发展战略研究中心秘书长

廖冲绪　四川省社会科学院科研处处长、副研究员

项目组成员（按姓氏笔画排名）

王　娟、方　茜、冉　敏、刘　伟、肖华堂、张　霞、袁　月

中国区域创新：新常态、新动力

以优化发展空间格局为目标的区域经济发展战略,是国家发展战略的重要组成部分,是实现经济发展转型升级的重要路径。许多发达国家通过促进区域协调健康发展来推进现代化。中国也先后实施了一系列的区域发展战略,初步形成了东部引领、中部崛起、西部开发和东北振兴的区域发展格局。特别是党的十八大以来,中央根据世界发展新趋势和国内发展新常态,创新性地提出了京津冀协同发展、"一带一路"倡议和长江经济带建设三大区域发展战略。中央提出新发展理念,把创新放在首位,并选择部分区域系统推进全面创新改革试验。这表明通过推进区域创新实现区域协调发展和提质增效,是摆在我们面前的一项重要而紧迫的任务。

在新常态下,传统驱动力日益弱化,创新驱动成为国家战略,是引领中国经济发展的根本动力,以创新为核心的区域协同发展模式成为引领经济社会发展的重要引擎,由区域创新带动形成的经济增长极成为稳增长、促转型的主战场。

所谓区域创新是在特定的区域环境下,由人、财、物、知识、制度等创新要素构成相互作用的网络,形成具有区域结构特征的创新要素配置系统,促进区域创新活动的广泛开展和创新成果的应用、推广及普及。区域创新体系是国家创新体系的子系统,是建设创新型国家的根本保证。它具有整体性、系统性、开放性、层次性、耗散性、全息性、中观性、动态发展性等一般特征。在经济发展新常态下,我国区域创新呈现出四大新要求、新趋势和新特征。

新旧动力亟待转化接续。资源要素约束趋紧成为区域经济发展的桎桔，传统的资源驱动模式失去活力，创新要素成为推动区域经济发展的关键，创新亟待取代资源成为推动经济发展的第一源动力。建立创新驱动发展模式也是中国破解经济发展深层次矛盾、跨越"中等收入陷阱"的必由之路。

协同成为区域创新关键。政产学研协同创新更加常态化，更具发展活力，成为推动"大众创业、万众创新"的有效途径。区域创新活动单元更趋复杂化，强调打破行政区划掣肘，以城市群、经济区的整体区域创新为主，同时注重区域内各地区之间的互动和协调。

创新主体分工更加清晰。政府更多关注营造创新环境，注重引导区域创新资源要素的有效投入和合理配置；市场对创新的决定性作用逐渐增强，企业创新主体地位不断凸显，具有创新精神的企业家成为创新的活力之源。政府和市场在创新中的分工日益明晰，合作更加紧密。

创新要素跨区流动加快。以人才、技术为代表的创新要素在区域间流动加速，创新核心区域对创新要素的吸引力和影响力显著增强，行政区划壁垒对创新要素的阻断越来越弱，跨地区创新合作层出不穷，创新产出的地域集聚与应用对象的空间离散并存。

基于此，有必要建立一套科学有效、简便易行的评价指标体系，对中国区域创新水平进行评价，寻求提升区域创新能力的具体路径。目前，国内有关区域创新评价的研究较多，比较有代表性的是"国家创新指数""中国区域创新能力""中国城市创新能力""中国三十一省区市创新指数""中关村指数""张江创新指数"和"杭州创新指数"等。这些指数多由国家和地方科技部门、统计部门、知名高校、科研机构和专业协会参与研发，评价对象大多为省一级区域，鲜有对地级市及特定区域的评价。

四川省社会科学院课题组在借鉴国际、国内成熟创新指数的基础上，结合我国区域创新的实际，建立中国区域创新评价指标体系，发布年度中国区域创新指数报告。具体而言，报告以地级市①、"热点创新区域"以及

---

① 若无特别说明，本书中所指地级市包含副省级城市。

"一带一路"沿线地区、京津冀、长江经济带三大区域为研究对象,以官方正式发布的各类统计年鉴、统计公报为依据,对中国区域创新活动进行了评价,力求科学测度区域创新水平,挖掘问题并有针对性地提出改革建议,从而为提升中国区域创新绩效、建设创新型国家贡献智慧。

第一章　中国区域创新指数:排行与评价

作为我国重要创新活动单元之一,地级市在集聚创新资源、连接创新网络、推进技术创新和非技术创新、提升区域竞争力等方面具有举足轻重的作用。评价全国 285 个地级市①,深入分析其创新梯度、空间分布和结构特征,对国家制定区域协调发展战略和创新驱动发展战略具有重要的现实意义。

总体上看,我国区域创新处于低水平的均衡状态。创新梯度"高"的地区主要分布在东部,且主要分布在广东、江苏和浙江三个省域,已在东部沿海地区形成华东、华南两大创新圈。四大区域创新指数排序从高到低依次是东部地区、东北地区、中部地区和西部地区。从创新水平来看,创新产出最佳,创新环境次之,创新投入最次;从均衡发展来看,创新产出的区域发展最为均衡,创新投入则最差。

"热点创新区域"引领周边区域的创新发展。"热点创新区域"的创新投入和创新环境指数分别是地级市的 3.2 倍、2.1 倍,创新投入和创新环境是"热点创新区域"创新领先的主因。"热点创新区域"的人力资源、金融具有绝对优势,且知识产权、资金、空间集聚、经济四个方面表现出相对优势。相比而言,"热点创新区域"的创新成就与地级市的优势并不明显。从"热点创新区域"中可提炼出四种创新模式——"深圳模式""京沪模式""南厦模式"和"杭宁模式"。

---

① 2013 年年底,全国副省级与地级市共计 286 个,由于海南三沙市相关数据缺失或不全,本书仅对除三沙市外的 285 个地级市进行评价。

一、地级市创新指数评价

(一) 创新综合指数及排名

创新综合指数用以反映区域创新的总体发展情况。285 个地级市分布为:东部地区 84 个、中部地区 80 个、西部地区 87 个、东北地区 34 个。我国地级市创新综合指数排名前 30 位的地区见表 1-1,其中排名前 10 位的地区是我国创新的优势区域。我国地级市创新综合指数得分均值为 16.8,有 85 个地区指数得分高于平均值。

表 1-1 创新综合指数排名前 30 位的地级市(含副省级城市)

排名	地区名称	创新综合指数	排名	地区名称	创新综合指数
1	苏州市	52.91	16	珠海市	31.83
2	深圳市	50.60	17	南通市	31.18
3	南京市	48.93	18	长沙市	30.14
4	宁波市	44.85	19	哈尔滨市	29.41
5	杭州市	43.86	20	扬州市	28.59
6	无锡市	41.22	21	青岛市	27.36
7	广州市	39.00	22	泰州市	27.30
8	常州市	37.38	23	中山市	27.23
9	厦门市	36.34	24	沈阳市	26.69
10	东莞市	35.29	25	郑州市	26.51
11	武汉市	35.27	26	大连市	26.39
12	镇江市	33.99	27	南昌市	26.38
13	成都市	33.46	28	佛山市	26.25
14	西安市	32.87	29	福州市	25.38
15	济南市	31.92	30	嘉兴市	25.28

(二) 创新分类指数及排名

创新环境指数用以反映区域创新活动依赖的软硬件环境。我国地级市创新环境指数排名前30位的地区见表1-2。我国地级市创新环境指数得分均值为11.5,有87个地区指数得分高于平均值。

表1-2 创新环境指数排名前30位的地级市（含副省级城市）

排名	地区名称	创新环境指数	排名	地区名称	创新环境指数
1	深圳市	66.49	16	青岛市	26.85
2	广州市	47.42	17	珠海市	26.71
3	苏州市	47.32	18	郑州市	26.32
4	成都市	44.77	19	福州市	25.51
5	杭州市	42.42	20	哈尔滨市	25.38
6	南京市	40.35	21	长沙市	23.32
7	西安市	40.03	22	嘉兴市	22.45
8	武汉市	35.82	23	沈阳市	21.75
9	东莞市	34.12	24	合肥市	21.43
10	宁波市	32.41	25	中山市	21.37
11	厦门市	31.40	26	汕头市	21.32
12	济南市	29.05	27	南昌市	20.64
13	大连市	28.09	28	太原市	20.59
14	佛山市	27.31	29	常州市	20.59
15	无锡市	27.14	30	金华市	20.37

创新投入指数用以反映区域实施创新活动所需的资源。我国地级市创新投入指数排名前30位的地区见表1-3。我国地级市创新投入指数得分均值为6.03,有72个地区指数得分高于平均值。

表1-3 创新投入指数排名前30位的地级市（含副省级城市）

排名	地区名称	创新投入指数	排名	地区名称	创新投入指数
1	南京市	62.78	16	泰州市	23.88
2	厦门市	40.64	17	珠海市	23.42
3	常州市	39.05	18	南昌市	23.39
4	苏州市	38.97	19	长沙市	23.20
5	无锡市	37.73	20	太原市	21.44
6	宁波市	37.13	21	贵阳市	21.32

续表

排名	地区名称	创新投入指数	排名	地区名称	创新投入指数
7	杭州市	36.83	22	西安市	20.72
8	镇江市	35.97	23	徐州市	20.59
9	哈尔滨市	30.33	24	呼和浩特市	19.82
10	武汉市	29.82	25	郑州市	19.73
11	南通市	29.06	26	海口市	18.68
12	济南市	28.76	27	盐城市	18.40
13	兰州市	27.86	28	连云港市	17.51
14	扬州市	27.08	29	淮安市	17.37
15	广州市	25.30	30	昆明市	16.92

创新产出指数用以反映区域创新活动产生的效果。我国地级市创新产出指数排名前30位的地区见表1-4。我国地级市创新产出指数得分的平均值为32.96,有136个地区指数得分高于平均值。

表1-4 创新产出指数排名前30位的地级市(含副省级城市)

排名	地区名称	创新产出指数	排名	地区名称	创新产出指数
1	深圳市	79.63	16	南通市	44.95
2	苏州市	72.45	17	菏泽市	44.79
3	东莞市	65.12	18	绍兴市	44.64
4	宁波市	65.01	19	嘉兴市	44.59
5	无锡市	58.78	20	扬州市	44.38
6	中山市	55.25	21	广州市	44.28
7	常州市	52.49	22	沧州市	43.99
8	杭州市	52.33	23	长沙市	43.90
9	佛山市	48.92	24	南京市	43.67
10	镇江市	48.57	25	沈阳市	43.56
11	东营市	47.36	26	四平市	43.21
12	丽水市	46.83	27	青岛市	43.07
13	金华市	45.87	28	防城港市	42.70
14	珠海市	45.36	29	鹰潭市	42.11
15	湖州市	45.01	30	泰州市	41.83

（三）创新梯度及空间分布

把创新综合指数五等分，可将 285 个地级市划分为"高""较高""一般""较低""低"五个梯度。总体上看，我国 64.69% 的地级市处在创新梯度"低"的位置，25.52% 的地级市处在创新梯度"较低"的位置，5.94% 的地级市处在创新梯度"一般"的位置，仅有 3.85% 的地级市处在创新梯度"较高"和"高"的位置。

创新梯度"高"的地级市主要分布在东部地区，且主要分布在广东、江苏和浙江。中部、东北和西部地区仅有零散的几个区域处在"一般"或"较高"水平，如中部地区的武汉、长沙、郑州和南昌，东北地区的哈尔滨，西部地区的成都和西安。具体而言，全国 5 个创新梯度"高"的区域，全部分布在东部地区；6 个创新梯度"较高"的区域，5 个在东部地区，1 个在中部地区；17 个创新梯度"一般"的区域，9 个分布在东部地区，中部和东北地区各 3 个，西部地区 2 个。东部地区仍是我国区域创新的重镇，是辐射带动我国创新的极核。需要指出的是，中部、西部和东北的一些地区，如四川绵阳国防科研实力强劲，是国家级现代科技城，在军民融合发展上潜力很大，虽未进入榜单前 30 名，但也是我国区域创新的重要力量（见表 1-5）。

表 1-5 四大区域创新梯度分布 （单位：个）

梯度	东部地区	中部地区	西部地区	东北地区	全国
低	22	64	74	25	185
较低	44	12	11	6	73
一般	9	3	2	3	17
较高	5	1	0	0	6
高	5	0	0	0	5

（四）区域创新的结构特征

我国地级市创新处于较低水平的均衡状态，地区之间未产生明显差距，创新指数"最大值与最小值之比"为 7.3,"变异系数"为 0.42。285 个地级市中,3 个一级指标指数排名均在前 30 位的有 9 个,即南京市、无锡市、常州市、苏州市、杭州市、宁波市、长沙市、广州市、珠海市,其中,8 个位于东部地区。

从创新要素集聚来看,东部沿海地区形成了两大创新圈。一是以"苏州"为核心,江苏、浙江、福建、山东四省地级市为支撑的"华东创新圈"。二是以"深圳"为核心,以广东省地级市为支撑的"华南创新圈"。这两大创新圈分布在我国"七五"计划布局的"东部经济带",已有 30 年发展历史。相比而言,东北地区、华中地区的发展劣于华东、华南,但优于西南、西北地区。

从四大区域来看,区域创新水平与经济发展水平相契合。四大区域创新综合指数均值从高到低依次为东部地区（22.07）、东北地区（15.72）、中部地区（15.21）和西部地区（14.05）。东部地区创新综合指数、一级指标指数均值最高;西部地区创新综合指数、一级指标指数均值最低;中部地区的"创新环境"指数略优于东北地区;东北地区的"创新投入""创新产出"则优于中部地区和西部地区;东部地区的"创新投入"优势最为明显,是西部地区的 2.7 倍。

从均衡发展来看,区域创新影响因素发展不平衡。3 个一级指标中,"创新产出"的变异系数最小,区域发展最均衡;"创新投入"的变异系数最大,区域发展最不均衡。在"创新环境"下的 4 个二级指标中,"信息化"发展最均衡,"金融"发展最不均衡。在创新投入下的 2 个二级指标中,"人力资源"发展较均衡,"资金"发展较不均衡。在"创新产出"下的 2 个二级指标中,"价值发现"发展最均衡,"知识产权"发展最不均衡。细化到三级指标,我国地级市发展最为均衡的 3 个指标是"一般工业固体废物综合利用率""劳动生产率""每万元 GDP 能耗"。这三个指标都属于"创新产出"类指标;发展最不均衡的 3 个指标是"科技技术支出占公共财政支出的比重""R&D 经费占 GDP 比重""实践使用外资增长率"。

从城镇化视角来看,区域创新与人口密度呈正相关。区域创新水平与城市规模关联度不大（见图 1-1）,但与人口密度呈正相关（见图 1-2）。换句话说,人口的空间集聚对区域创新的影响是正向的。具体而言,创新综合指数排名前 10 位的地区人口密度均值为 931.4 人/平方公里;排名 11—30 位的地区人口密度为 751.6 人/平方公里。有目的地选择条件好的区域进行培育,而不是倡导全域创新是促进区域创新的基本政策取向,应重点培植人口密度大、创新环境好的地区。

（单位：万人）

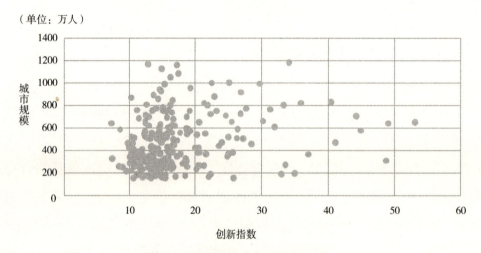

图 1-1　创新指数与城市规模关系图

（单位：人/平方公里）

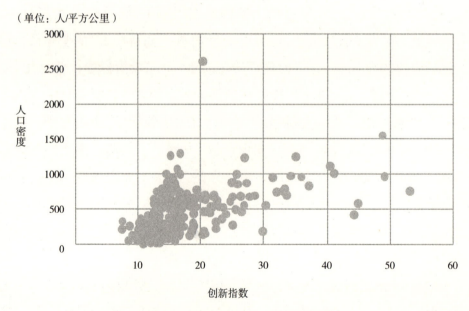

图 1-2　创新指数与人口密度关系图

二、"热点创新区域"创新指数评价

直辖市、省会城市、自治区首府、计划单列市等 36 个城市既是我国区域经济发展的极核,也是创新的热点和前沿城市,是区域创新指数研究的重点对象,可以称为"热点创新区域"。

(一) 创新综合指数及排名

我国"热点创新区域"创新综合指数排名前 10 位的地区见表 1-6。"热点创新区域"创新综合指数得分均值为 27.75,有 15 个城市的该项得分高于平均值。

表 1-6 "热点创新区域"创新综合指数排名前 10 位的地区

	地区名称
1—10 名	深圳市、南京市、宁波市、杭州市、北京市、广州市、厦门市、上海市、武汉市、成都市

(二) 创新分类指数及排名

我国"热点创新区域"创新环境指数排名前 10 位的地区见表 1-7。"热点创新区域"创新环境指数得分的平均值为 24.93,有 14 个城市该项得分高于平均值。

表 1-7 "热点创新区域"创新环境指数排名前 10 位的地区

	地区名称
1—10 名	深圳市、北京市、上海市、广州市、成都市、杭州市、南京市、西安市、天津市、武汉市

我国"热点创新区域"创新投入指数排名前 10 位的地区见表 1-8。"热点创新区域"创新投入指数得分均值为 19.42,有 16 个城市的该项得

分高于平均值。

表 1-8　创新投入指数排名前 10 位的地区

	地区名称
1—10 名	南京市、厦门市、宁波市、杭州市、哈尔滨市、武汉市、济南市、兰州市、广州市、南昌市

我国"热点创新区域"创新产出指数排名前 10 位的地区见表 1-9。"热点创新区域"创新产出指数得分的平均值为 38.92,有 16 个城市的该项得分高于平均值。

表 1-9　创新产出指数排名前 10 位的地区

	地区名称
1—10 名	深圳市、宁波市、杭州市、北京市、广州市、长沙市、上海市、南京市、沈阳市、青岛市

（三）创新优势及创新特色

1."热点创新区域"创新优势

36 个"热点创新区域"创新水平明显高于其余 249 个地级市,其创新综合指数得分均值是其余地级市的 1.64 倍。

从一级指标来看,"热点创新区域"创新环境指数得分是地级市的 2.1 倍,创新投入指数得分是地级市的 3.22 倍,创新产出指数得分是地级市的 1.18 倍。创新投入、创新环境是"热点创新区域"创新领先的主因。

从二级指标来看,"热点创新区域"的人力资源、金融具有绝对优势,这两个指标的指数得分分别是地级市的 3.5 倍和 3.16 倍。此外,知识产权、资金、空间集聚、经济四个指标也是"热点创新区域"具有相对优势,指数得分分别是地级市的 2.82 倍、2.13 倍、1.98 倍和 1.96 倍。相比而言,"热点创新区域"的创新成就与地级市相比优势并不明显。

从三级指标来看,"热点创新区域"的每万元 GDP 能耗、一般工业固体废物综合利用率指标为地级市的 72—77 倍;劳动生产率为地级市的 34.6 倍;人均 GDP、实际使用外资增长率、每百人互联网宽带接入用户数、信息传输、计算机、软件服务就业人员占总就业人员比重、人口密度、省级以上园区数、普通高等学校在校学生数占总人口比重,这些指标都是地级市的 10—17 倍。地级市仅有"科技技术支出占公共财政支出比重"指标优于"热点创新区域"。但这并不表示地级市科技技术支出规模更大,有可能是其公共财政支出总量偏小所致。

2."热点创新区域"创新特色

运用经济、金融、信息化、空间集聚、人力资源、资金、知识产权、价值实现 8 个指标,将 36 个"热点创新区域"分为五类。其中,深圳市是一类;北京市、上海市是一类;南京市、厦门市是一类;杭州市、宁波市是一类;其他 29 个地区是一类。

由此提炼出四种有一定代表性的创新模式,即"深圳模式""京沪(北京、上海)模式""南厦(南京、厦门)模式""杭宁(杭州、宁波)模式"。"深圳模式"的特征是市场化程度高,经济和金融发达,信息化程度高,投入低,创新中间产出和最终产出高。"京沪模式"的特征是金融发达,空间集聚度高,创新投入相对较少,但丰富的科教资源通过市场形成巨大的"知识力"优势,导致创新中间产出和最终产出很高。"南厦模式"的特征是创新人力资源投入大,创新中间产出低,最终产出高。"杭宁模式"的特征是金融较发达,人力资源和资金投入高,创新中间产出和最终产出高。

可见,我国"热点创新区域"的创新驱动力存在本质区别。深圳以创新主体——企业为特色,以优质的经济环境为支撑;北京和上海分别是我国政治和金融中心,也是一线城市,区域创新具有先天优势;南京、厦门的创新驱动力是投入,人力资源和资金投入都很强劲。杭州、宁波既有发达的金融,又有较高的人力资源和资金投入(见表 1-10)。

表 1-10 "热点创新区域"的四种创新模式

	特点	投入与产出
深圳模式	经济发达、金融发达、信息化程度高	投入少,创新中间产出、最终产出高
京沪模式	金融发达、空间集聚度高	投入少,创新中间产出和最终产出高
南厦模式	人力资源丰富	人力资源投入大,创新中间产出低,最终产出高
杭宁模式	金融较发达	人力资源和资金投入高,创新中间产出和最终产出高

第二章　中国战略区域创新评价：
多维度、新视角

"十三五"规划纲要明确提出，"十三五"期间要以区域发展总体战略为基础，以"一带一路"建设、京津冀协同发展、长江经济带建设为引领，形成沿海沿江沿线经济带为主的纵向横向经济轴带。本书紧密结合中央对"三大战略发展区域"的功能定位，对"一带一路"沿线地区、京津冀、长江经济带区域创新水平进行评价。

一、"一带一路"①沿线地区创新评价

"一带一路"建设是国家实施开放合作重大战略的重要内容，沿线覆盖省（自治区、直辖市）的创新程度及其创新特征直接影响"一带一路"倡议的实施成效。总体而言，"一带一路"沿线地区整体创新水平较低，东强西弱，地区分化明显，沿线省（自治区、直辖市）协同创新的特征尚未形成。

（一）"一带一路"沿线地区创新指数

1.区域创新指数评价

从区域创新指数看，"一带一路"沿线各省（直辖市、自治区）②呈现

---

① 为了统一比较基准，本书仅分析"一带一路"所涉及的省（直辖市、自治区），而仅涉及个别地级市（区、州）及其所在的省（自治区、直辖市）则不在本书的分析范畴内。另外，为了更清晰地反映区域特征，本书将"一带一路"沿线地区分为东北、西北、西南、东南沿海及中部（指重庆）四个区域进行比较分析。
② 包括：上海、福建、广东、浙江、海南、重庆、黑龙江、吉林、辽宁、广西、云南、西藏、新疆、陕西、甘肃、宁夏、青海、内蒙古等。

如下明显特征（见图1-3）：一是大部分区域创新水平较低，创新指数得分大多为15—40分；二是上海创新"单极独大"，创新指数得分排名第一，达51.83分，比排名第二的浙江高10.70分；三是核心区域总体水平偏下，福建和新疆两个核心省份创新指数得分仅为26.00分和18.84分，区域创新能力尚待加强；四是创新水平地区分化明显，排名前三位均位于东南沿海，而排名末8位均为西部板块，"一带一路"沿线地区创新受全国梯阶影响在地理区域维度上的创新分化特征明显。"一带一路"倡议的稳步推进，将有利于带动沿线协同发展，缩小区域差距，打破当前区域创新分化格局。

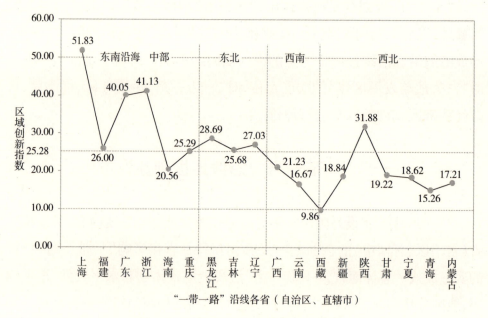

图1-3 "一带一路"沿线地区创新指数一览

2.区域创新环境评价

一级指标中创新环境的差异最为显著（见图1-4）。上海创新环境最为优质，指数得分排名第一，为60.10，是三大指标板块总指数得分最高的一项。广东和浙江创新环境指数得分为54.02、52.89，分别位列第二位、第三位。值得关注的是，"一带一路"沿线地区中，若按照大片区划分，除东北片区创新环境水平相对均衡外，其余片区内部差异普遍较大。

从二级指标看："区域经济实力"排前三位的是上海、广东、浙江，西

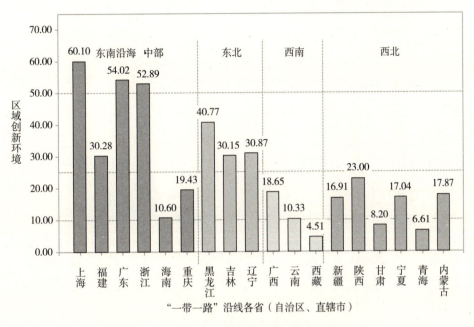

图1-4 "一带一路"沿线地区"创新环境"状况一览

北地区宁夏表现突出,排第四位,福建排第五位。"金融"排名前三的分别为广东、浙江、上海,东北地区辽宁排第四位,福建排第五位。"信息化"水平最高的是上海,排名第二位至第五位分别为辽宁、浙江、陕西、福建。"政策"方面,东北片区政策利好,黑龙江、吉林、辽宁分列第一位、第二位、第七位。排名第三位至第五位分别为广东、上海、福建,均为东部沿海省份。

3. 区域创新投入评价

总体而言,"一带一路"沿线各省(自治区、直辖市)区域创新投入差异依然较大,且区域分化特征明显,部分省份严重拉低区域整体创新投入水平(见图1-5)。一是东南沿海及中部(重庆)区域是创新投入的龙头区域,创新投入指数分值横比最大(均值36.26);二是东北区域年度创新投入表现不俗,各省创新投入指数分值相对平均,位居各区域第二,西南区域创新投入相对最弱;三是区域内部具有一定的差异性,且区域内"异值"向"低端"倾斜,除东北区域各省指数值水平相对平均外,其余各区域均存在相对异常的低分值省份。

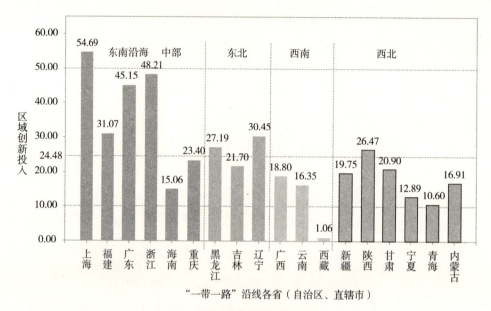

图1-5 "一带一路"沿线地区创新投入状况一览

人力资本非均衡分布。人力资本同高校、科研机构的密集程度密切关联。2014年，上海、浙江、广东、福建、陕西每万人R&D人员数位列前五；新疆、云南、西藏排名后三位。与此对应，上海、浙江、广东、福建、陕西五省（直辖市）每万人R&D人员全时当量亦排名前五，新疆、云南、西藏排名末三位。广东、浙江、辽宁、上海、黑龙江五省（直辖市）普通高等学校在校人数排位前五，海南、宁夏、西藏排名末三位。

企业研发整体水平不足。2014年，"一带一路"沿线各省（自治区、直辖市）仅浙江、甘肃、宁夏三省（自治区）有研发机构的企业占企业比重超10%，企业的研发意识和研发能力普遍不足。

科研资金投入差异较大。2014年，上海R&D经费比重占GDP的3.86%，绝对值数量较大，与高收入国家相比，亦排名前列[①]，广东、浙江、两省该值分别达2.45%、2.35%，超过高收入国家平均值，陕西为2.18%，

———————————

① 根据《国际统计年鉴2015》，2012年高收入国家R&D经费占GDP比重均值为2.3%，其中：韩国4.0%、以色列3.9%、日本3.0%、德国2.9%、美国2.8%，而世界平均水平值为2.1%。

超过世界平均水平。同时,还有个别省(自治区)该项指标值未达1%,甚至未达0.5%,科技投入严重不足。

4.区域创新产出评价

"一带一路"沿线各省(自治区、直辖市)区域创新产出水平显"稳定均衡"(见图1-6)。一是与创新环境、创新投入相比,"一带一路"沿线地区创新产出指数分值的极值之间差值最小,排位最高的陕西比排位最低的福建仅高29.53。二是与创新环境、创新投入相比,创新产出的区域差异特征并不明显。西北区域在创新产出板块中亦表现优异,陕西排位跃居第1,青海排名第5,甘肃排在第6位。相反,东南沿海及中部地区的创新环境与创新投入优势在创新产出中未得到体现,浙江、广东、福建反而因微弱劣势仅排在第12位、第13位和第18位,而东北、西南片区各省(自治区、直辖市)的指数值相对平稳、均衡。

创新产出回报较高的省(自治区、直辖市),主要集中在西北和东南地区,恰是"一带一路"中心线附近区域,表明"一带一路"中心线路周边重点省份蕴含相对较大的创新能量,提高创新"增量"的潜力较大。

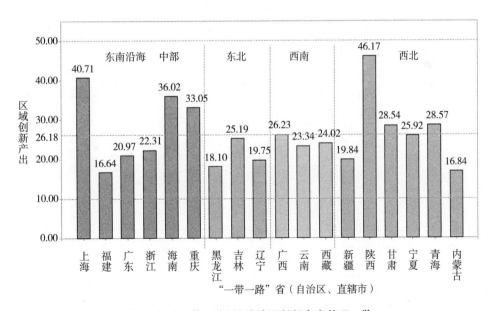

图1-6 "一带一路"沿线地区创新产出状况一览

此外，还可得出以下结论。

"知识产权"区位分化不明显。2014年，"一带一路"沿线各省（自治区、直辖市）在"知识产权"方面并未表现出明显的区位分化特征。每一区域兼有知识产权的优势省份和相对劣势省份。

"技术运用"成为创新产出"短板"。陕西、青海、上海、甘肃、重庆分列前五位。仅前四位指数值高于10，也即"一带一路"沿线18个省（自治区、直辖市）中，有14个省（自治区、直辖市）"技术运用"分值低于10，而最末位分值仅为0.29。

重庆"价值实现"成绩凸显。2014年，重庆在价值实现方面位列"一带一路"沿线各省（自治区、直辖市）首位，上海、陕西、海南、广西分别位列第2—5名。西部区域的价值实现表现良好。

（二）"一带一路"沿线地区创新特征

1. 东强西弱的创新梯度大体明晰

"一带一路"沿线地区创新指数值呈现东南沿海地区、东北地区相对较强，西北、西南地区相对弱的特征（见图1-7）。具体而言，创新指数呈现东南沿海及中部（重庆）、东北、西北、西南依次降低的现象，创新梯度

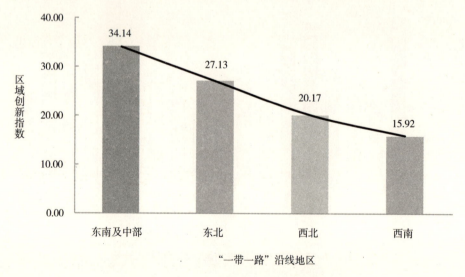

图1-7 "一带一路"沿线地区创新指数状况一览

的区域格局大体形成。而西部两大区域相对较弱,令区域创新结构明显失衡。调结构、保长补短、削减创新梯度结构的区域边界,促进"一带一路"沿线地区协同发展,是下一步努力的方向。

2. 南北片区内部创新结构形成差异

"一带一路"沿线南方片区创新指数内部差异大,点状特征明显,而北方片区带状创新结构初步形成。"一带一路"沿线内部的东南沿海、中部(重庆)区域,以及西南区域各省(自治区、直辖市)创新指数值差异较大,两区域内创新水平高高低低点状分布特征明显。而东北、西北区域的各省(自治区、直辖市)区域创新水平相对均衡,区域创新指数值相似省份居多,两区域带状创新连片趋势初现。但"一带一路"沿线各省(自治区、直辖市)连点成片、连片成带的区域创新结构尚未形成。

3. 创新投入、产出间关系"疏松"

当前,"一带一路"沿线地区创新投入与创新产出的关联不够紧密,创新投入所释放的红利不足。

首先,"一带一路"沿线地区创新的投入与产出关联度低。各省(自治区、直辖市)区域创新投入与产出的省(自治区、直辖市)散点图呈发散

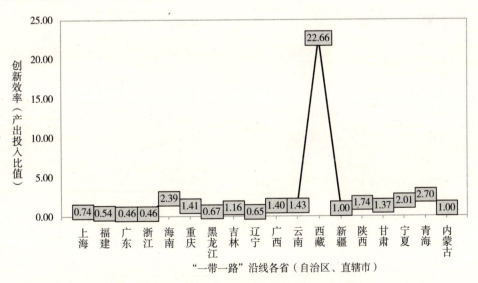

图1-8　"一带一路"沿线各省(自治区、直辖市)创新产出—投入比值状况图

状,并未形成明显的正向相关。

其次,"一带一路"沿线地区创新的产出与投入比值区域差异较大。如图1-8所示,西藏创新产出指数值同创新投入指数值相差22.66倍,成为"一带一路"沿线创新投入与产出效率最高地区。青海、海南、宁夏、陕西分别位列第2—5名。而有相当部分省(自治区、直辖市),尤其是相对发达地区比值未超过1。这表明"一带一路"沿线地区创新投入的"红利"尚未被充分激发,抑或创新投入向创新产出的转化明显不足。

4."资金投入""人力资本""经济状况"引领创新活跃度

本书对10个二级指标进行主成分分析,依据提取出的不同主因子的方差贡献率,研判创新活跃要素。如表1-11所示,共提取3个主因子,根据方差贡献率,相较于第二、第三主因子,第一主因子对创新指数的贡献更大。

因此,入选第一主因子且贡献较大的指标,即"资金投入""人力资本""经济状况"三项指标内容成为创新最为活跃要素,引领创新活跃度。"技术运用""知识产权""价值实现"三项指标创新活力明显激发不足。而"政策""企业及研发"也有被进一步激发创新活力的空间。

表1-11 区域创新指数各二级指标的主成分分析提取因子结果

	主因子		
	第一主因子	第二主因子	第三主因子
经济	0.905	−0.012	−0.226
金融	0.851	0.273	−0.219
信息化	0.796	0.126	0.369
政策	0.128	0.862	0.060
人力资本	0.929	0.322	0.001
资金	0.947	0.075	0.218
企业及研发	0.432	0.729	−0.286
知识产权	−0.157	−0.367	0.644
技术运用	0.112	0.073	0.880
价值实现	0.537	−0.526	0.435

注:提取方法:主成分。旋转法:具有 Kaiser 标准化的正交旋转法。旋转平方和载入后,第一主因子解释方差44.66%,第二主因子解释方差18.91%,第三主因子解释方差的17.47%,三项累计解释方差81.04%。

5.核心区创新能力不足制约区域协同创新

作为"一带一路"倡议版图核心区,新疆和福建在"一带一路"沿线各省（自治区、直辖市）中创新优势不足,存在较为明显的"短板"（见表1-12）。

新疆在"一带一路"沿线各省（自治区、直辖市）中排位均相对靠后,知识产权与人力资本是新疆最主要的两项创新"短板",在价值实现和经济水平上,新疆具有一定的优势,但亦不明显。

在"一带一路"沿线地区中,福建在创新环境、创新投入上具有一定优势,分别位列第6名和第4名,但与上海、广东、浙江差距较大。福建创新产出指数在"一带一路"沿线各省（自治区、直辖市）中排最末位,且创新产权与价值实现这两个二级指标的排位相对靠后,是区域创新"短板"。

表1-12　福建、新疆区域创新指数各级指标排名

指数		新疆	福建
创新环境指数分项排名	经济	8	5
	金融	13	5
	信息化	11	5
	政策	11	6
创新环境指数综合排名		13	6
创新投入指数分项排名	人力资本	14	5
	资金	11	6
	企业及研发	10	6
创新投入指数综合排名		11	4
创新产出指数分项排名	知识产权	17	18
	技术应用	13	12
	价值实现	6	13
创新产出指数综合排名		14	18
区域创新指数综合排名		13	7

注:取值范围1—18。

二、京津冀区域创新评价

从世界各国区域发展的实践来看,通常都是以一个或两个大城市为中心和内核,周边聚集众多卫星城市,形成城市群或都市圈,彼此分工协作,共享发展成果。发展经济如此,区域创新亦如此。京津冀区域创新整体呈现较高水平,但内部差异较大,区域创新协同性还不强。

（一）京津冀区域创新指数

1. 区域综合创新指数评价

区域综合创新水平高。2014年,京津冀区域创新指数得分均值为41.09,比全国平均值高14.39(见图1-9)。其中,北京市和天津市贡献较大。

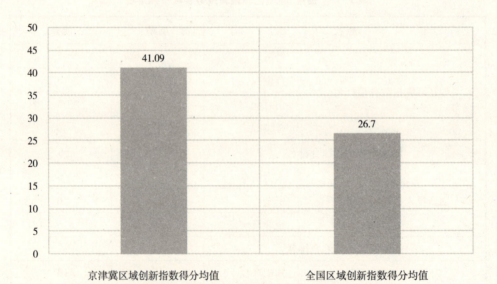

图1-9 京津冀区域创新指数均值与全国区域创新指数均值比较

区域创新指数差距大。京津冀地区省(直辖市)间创新指数差异明显。北京市创新指数分值为69.00,分别高出天津市、河北省32.42和51.31;而河北省创新指数分值不足天津市的一半、北京市的1/3(见图

1-10）。这表明京津冀区域创新协同程度不高,北京市的创新并未有效辐射带动天津市和河北省。

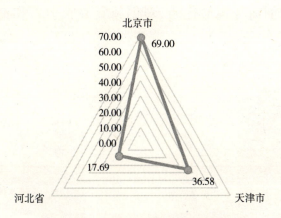

图1-10　京津冀区域创新指数雷达图

北京区域创新水平大幅领先。北京市创新环境良好,创新要素聚集度高,创新产出体量大。其区域创新指数分值不仅比全国平均水平高42.30,且比京津冀区域创新指数均值高27.91。北京市不仅是京津冀区域创新的核心,其创新水平也是全国区域创新的最高水平(见图1-11)。

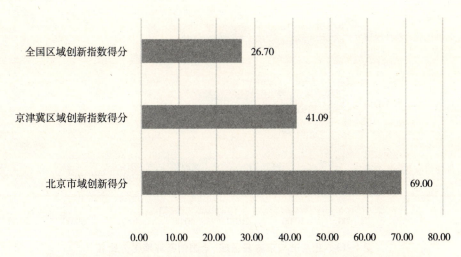

图1-11　北京市区域创新指数均值与全国、京津冀区域创新指数均值比较

2. 区域创新环境评价

京津冀区域创新环境得分高于全国平均水平 9.09 分（见图 1-12）。其中，北京市的创新环境最优质，对创新资源吸引力和汇聚力十分突出（见图 1-13）。

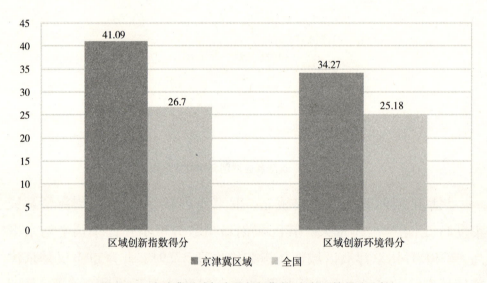

图 1-12　京津冀区域与全国创新指数、创新环境得分比较

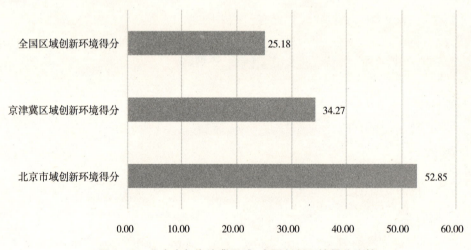

图 1-13　北京市与京津冀区域、全国创新环境得分比较

而天津市与河北省创新环境质量比较接近，均在全国平均线上下徘徊，同北京相比，创新环境有待改善（见图 1-14）。

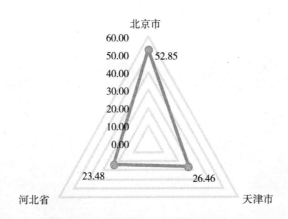

图 1-14　京津冀区域内部创新环境分析

进一步考察三级指标,有以下发现。

经济发展相对均衡。京津冀整体经济发展状况良好,经济实力得分远高于全国平均水平。相较于创新环境的其他三个方面,经济实力在三个省(直辖市)之间差异最小。

金融环境高低不一。北京市金融优势明显,通过金融市场的融资能力远超天津市和河北省。河北省金融发展略高于全国平均水平,而天津市在金融发展方面相对滞后。

信息化程度差异明显。北京市便利的信息化服务、完备的信息库使其在区域创新环境上优势突出,其信息化程度得分高达94.32,高出全国平均水平的74.00。而天津市和河北省均低于全国平均水平,其中天津市得分最低。

政策力度普遍偏弱。在创新政策方面,京津冀区域整体指数值并不乐观,除河北省高于全国平均水平外,北京市和天津市均低于全国平均水平,其中北京市最低。

3. 区域创新投入评价

京津冀区域创新投入指数分值为44.32,比全国平均水平高15.71(见图1-15)。其中,北京市和天津市创新投入贡献最大,拉高了区域整体创新投入水平。

然而,创新投入方面,依然呈现北京市"一极独大"的特征,创新投入

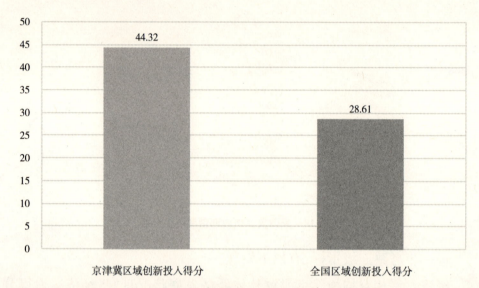

图1-15 京津冀区域创新投入指数与全国平均水平比较

指数得分最高的北京市与得分最低的河北省相差52.06。

与全国平均水平相比,京津冀地区唯有河北省未超过全国平均值,拉低了区域创新投入的整体水平(见图1-16)。

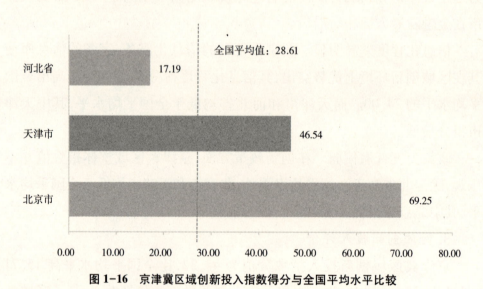

图1-16 京津冀区域创新投入指数得分与全国平均水平比较

进一步考察,得出以下结论。

人力资本区位优势尽显。北京市和天津市集中了全国最优秀的科研、教育人力资本,科研实力和高等教育水平属全国顶尖。京津冀地区人力资本投入指数高达 57.81,高出全国平均水平 1 倍多,人力资本区位优势尽显。但河北省人力资本相对较弱,对创新的支撑力度不强。

科研经费投入总体充足。京津冀地区科研经费投入相对充裕,区域经费投入指数得分均值 51.80,比全国平均水平高 18.22。但区域内部差异显著,北京市的指标值是河北省的 3 倍多,比天津市高 20。

企业研发活力亟待激发。京津冀企业研发活动在创新投入指数得分最低,甚至低于全国平均水平,且内部差异不明显,处于低水平均衡状态。北京市的企业研发活动得分只高出全国平均水平的 1 分;天津市和河北省得分均低于全国平均水平。京津冀地区需要在企业培育上给予更多关注。

4. 区域创新产出评价

京津冀区域创新产出得分比较高,高出全国平均水平 18.35 分,综合创新指数也高出全国平均水平的 14.39(见图 1-17)。

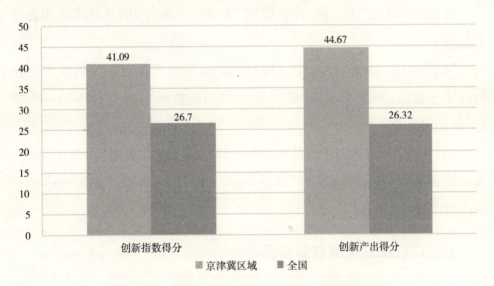

图 1-17　京津冀区域与全国创新指数、创新产出比较

京津冀区域创新产出的内部差异十分明显(见图 1-18),河北省未达到全国平均水平,天津市亦未达到京津冀平均水平。省(直辖市)得分最

高的北京市与得分最低的河北省相差 72.51 分,天津市得分也仅为北京市的 43%。

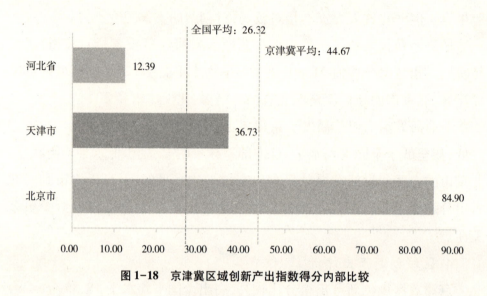

图 1-18　京津冀区域创新产出指数得分内部比较

进一步分析,可得出以下结论。

北京市"知识产权"和"技术应用"方面均具优势,创新技术应用性能力极强。

"价值实现"方面,京津实力相当。北京市和天津市在价值实现方面得分较为接近,差距不明显,是评价区域创新指标中分差最小的一个指标,分差仅为 7。

"技术应用"方面,河北表现最差。河北省"技术应用"得分为 1.09,为京津冀区域"技术应用"的"短板"省份,而"技术应用"亦成为区域创新产出的要素"短板"。

（二）京津冀区域创新特征

1. 区域创新呈梯度格局

如图 1-19 所示,京津冀区域创新呈梯度分布的格局较为明显,北京市、天津市、河北省依次递减,离区域均衡的创新结构尚有较大差距。

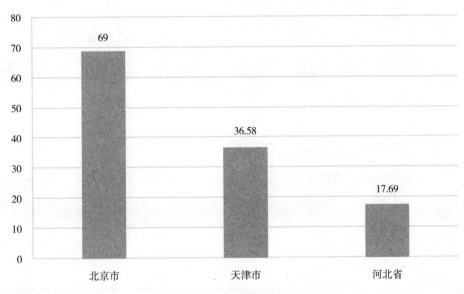

图 1-19　京津冀区域创新指数梯度

2.区域创新低水平协调

在特定创新环境下,从创新投入到产出过程的协调程度有助于衡量区域创新的协调性。本书通过构建区域创新综合水平模型和区域创新协调度模型,计算可得京津冀区域创新水平和协调度(见表 1-13)。

表 1-13　京津冀区域创新综合水平和协调度

	北京市	天津市	河北省
区域创新综合水平	0.74	0.58	0.45
区域创新协调度	0.92	0.87	0.64

根据常用的五分法评判标准①(见表 1-14),北京市区域创新综合水平仅为良好,其"非常协调"的协调程度也只是在良好水平下的协调。天津市区域创新综合水平中等,区域创新基本协调。河北省区域创新综合水平中等,区域创新处于弱协调。

---

① 陈伟、冯志军、康鑫等:《区域创新系统的协调发展测度与评价研究》,《科学学研究》2011 年第 2 期。

表1-14　协调发展评判依据和综合发展水平评判依据

协调度	0.9—1.0	0.8—0.9	0.6—0.8	0—0.6
所属等级	非常协调	基本协调	弱协调	不协调
综合发展水平	0.8—1.0	0.6—0.8	0.4—0.6	0—0.4
所属等级	优秀	良好	中等	差

3. 区域创新投入产出转化率低

京津冀区域中，北京市创新效率较高，即"产出/投入">1。天津市呈现"高投入—低产出"、河北省呈现"低投入—低产出"特征，创新效率有待提高（见表1-15）。

表1-15　京津冀区域产出—投入

	北京市	天津市	河北省
创新产出/创新投入	1.23	0.79	0.72

三、长江经济带区域创新评价

长江经济带作为我国横贯东西的战略区域，其区域内各省（直辖市）不但承担着为我国实施创新驱动发展战略探索道路的任务，而且其创新活动的效果直接关系着我国创新驱动发展战略的实施。

总的来看，长江经济带各省（直辖市）的区域创新总体上呈现出"单极独大"、东强西弱的梯度发展格局，通过创新资源向中心城市聚集，形成"长三角""中部""西南"三大创新聚集区域。

（一）长江经济带区域创新指数

1. 区域创新指数评价

长江经济带各省（直辖市）之间区域创新指数得分由于经济发展、资源禀赋以及政策制度等原因差异显著。总的来说，其创新活动具有四大特征：一是整体创新水平不高，平均得分仅只有 28.45 分。二是呈现出三级"创新梯度"，11 个省（直辖市）中创新指数得分最高的上海市为 51.83 分，与排名最低的贵州省相差 38.82 分，变异系数为 0.43，"长三角"三省（直辖市）集体领先，形成了"昂扬前进的龙头"，中部三省与西部的重庆市和四川省形成了"缓慢移动的龙身"，而江西省、云南省和贵州省则成为"负重前行的龙尾"（见图 1-20）。三是创新发展的环境依赖性强，各省（直辖市）之间创新环境变异系数达到了 0.66。四是创新投入产出不匹配。创新产出整体偏低，变异系数为 0.28，投入产出明显不匹配，这表明如何将创新成果转化为实际生产力，成为长江经济带各省（直辖市）下一步创新驱动发展的首要任务。因此，长江经济带各省（直辖市）应着重把营造良好的创新环境作为创新驱动发展的重要载体。

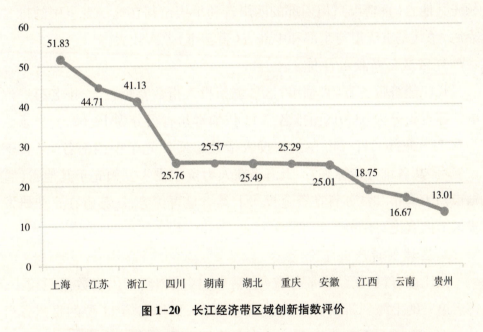

图 1-20　长江经济带区域创新指数评价

从构成区域创新指数的三个指标来看，上海在创新环境、创新投入、创新产出三个方面发展均衡，尤其是创新环境和创新产出得分分别为 60.1 和 40.71，远超排名第二位的浙江省和重庆市，这表明上海在创新环境营造和科技成果转化上具有领先性。在创新环境和创新投入上，东部三省（直辖市）具有显著优势，中西部省（直辖市）发展差距较大；从创新产出看,上海依然领先,但四川和重庆超越了浙江和江苏,这表明四川和重庆在创新成果转化方面具有一定优势。

另外,根据主成分分析计算,"金融""政策""企业及研发"成为创新最为活跃的要素。而"知识产权""技术应用""价值实现"三项指标创新活力激发不足。

2. 区域创新环境评价

长江经济带各省(直辖市)区域创新环境指数差距较大,变异系数为0.66,排名第一位的上海市创新环境得分为60.1;而排名第11位的云南省仅仅只有10.5,各省(直辖市)在经济水平、金融发展以及信息化程度等指标上具有明显差距。尤其是信息化水平,变异系数达到了1.13,上海市在信息化水平上领先。中部的湖南省和东部的浙江省在创新政策上领先其他省(直辖市);但西部的四川省和重庆市却在这一变量中的排名靠后,尤其是重庆市与东部和中部省(直辖市)差距较大。

3. 区域创新投入评价

长江经济带各省(直辖市)区域创新投入指数差距较大,排名第一位的江苏省得分为63.01,而排名第11位的贵州省得分为12.62,变异系数为0.48。东部三省一市在创新投入指数遥遥领先于中西部各省(直辖市)。而从各细分指标来看,上海市在人力资本投入上领先于其他省(直辖市);上海市和江苏省在资金投入上具有显著优势;江苏省在企业研发投入上拥有绝对优势。

4. 区域创新产出评价

相比而言,长江经济带各省(直辖市)区域创新产出指数差距较小,排名第一的上海创新环境指数得分为40.71;而排名第11位的贵州省得分为15.92,变异系数为0.28。从细分指标来看,变异系数最大的是技术应用,变异系数最小的是价值实现。上海市在技术应用上领先于其他各省(直辖市);上海市、云南省和四川省在自主知识产权上具有显著优势;重庆市和上海市在价值实现上具有比较优势,重庆在价值实现上的得分甚至超过了上海市,重庆市和四川省在价值实现上具有明显优势,但是整体而言,中西部省(直辖市)在科技成果转化上与东部存在较大的差距。

(二) 长江经济带区域创新主体评价

创新主体指的是具有创新能力并实际参与创新活动的人或社会组织,主要为公私企业、大学、科研机构和政府部门等从事创新活动的组织。长江经济带各省(直辖市)在企业创新主体作用发挥呈现出以下特征。

一是东部省(直辖市)更注重企业创新主体作用建设。排名第一位的浙江省得分为70.24,而排名第11位的江西省得分仅为5.79。湖南省和重庆市虽在促进企业创新主体作用方面做得相对较好,但仍然落后于东部两省一市。

二是创新投入和执行主体性成为企业主体性作用发挥的重要因素。上海市在投入主体性上具有显著优势,表明企业是创新活动的投入主体;而江苏省在执行主体性得分上领先,表明企业是区域创新活动的主要执行者。

三是浙江省引领长江经济带企业创新主体性建设。浙江省在投入主体性、执行主体性和应用主体性方面具有整体优势,其综合得分超过了上海市(见表1-16、图1-21)。

表1-16 长江经济带各省(直辖市)企业创新主体性指数

	企业创新主体性	排名	投入主体性	执行主体性	产出主体性	应用主体性
浙江省	70.24	1	85.94	75.47	41.35	78.2
上海市	65.41	2	100	32.86	75.74	53.03
江苏省	61.75	3	75.6	98.72	24.39	48.3
湖南省	43.5	4	35.13	29.73	45.3	63.82
重庆市	41.01	5	37.53	28.98	53.46	44.07
安徽省	37.13	6	32.41	38.37	48.25	29.49
湖北省	28.01	7	38.76	15.82	32.1	25.34
四川省	23.94	8	12.52	10.72	65.61	6.92
云南省	21.58	9	4.32	22.41	54.61	4.97
贵州省	17.19	10	3.12	0	15.64	50
江西省	5.79	11	2.47	17.18	1.19	2.3
均值	37.78		38.89	33.66	41.6	36.95
变异系数	0.56		0.89	0.86	0.53	0.68

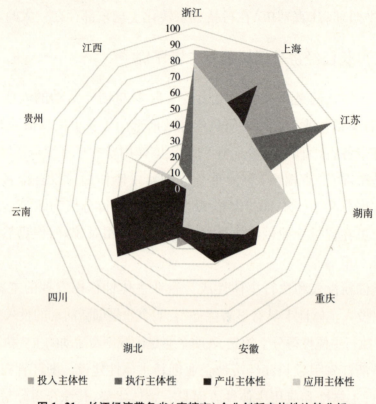

图 1-21　长江经济带各省（直辖市）企业创新主体性比较分析

四、战略区域创新比较

（一）区域创新的共性

我国战略区域的创新总体上呈现出"单极独大，东强西弱，创新投入与创新产出不匹配"的特点。

区域创新极化现象明显。战略区域内均呈现出"单极独大"现象（见表 1-17），北京成为京津冀区域的"单极"，而上海成为"一带一路"沿线和长江经济带区域的"单极"。从极化指标来看①，"一带一路"沿线地区

---

① 创新极化指数用区域内排名第一的省市与排名最末位的省市之间的创新指数得分之比来衡量。

极化指数为5.26，极化现象最为突出；京津冀区域极化现象相对较弱，但距离区域协同的目标仍有差距。

表1-17　战略区域创新极化指数比较

战略区域	区域创新极化指数	
	城市	极化指数
"一带一路"沿线	上海市	5.26
京津冀	北京市	3.89
长江经济带	上海市	3.98
"战略区域"综合	北京市	7.00

区域创新呈现出明显的创新梯度。如表1-18所示，28个省（自治区、直辖市）呈现出明显的创新梯度特征。具体而言："京津冀"区域的三个省（市）之间创新指数距离较大，各省（直辖市）可独自为一类；"一带一路"沿线各省（自治区、直辖市）大致可以分为四个梯队，上海为区域创新极化核心，浙江和广东为第二梯队；"长江经济带"区域亦可以分为四个梯队，上海为区域创新极化核心，江苏、浙江构成第二梯队。

表1-18　战略区域创新归类

战略区域	区域创新梯队			
	第一梯队	第二梯队	第三梯队	第四梯队
"一带一路"沿线	上海市	浙江省、广东省	陕西省、黑龙江省、辽宁省、福建省、吉林省、重庆市	广西壮族自治区、海南省、新疆维吾尔自治区、宁夏回族自治区、甘肃省、内蒙古自治区、青海省、云南省、西藏自治区
京津冀	北京市	天津市	—	河北省
长江经济带	上海市	江苏省、浙江省	安徽省、湖南省、湖北省、重庆市、四川省	江西省、云南省、贵州省

创新投入产出不匹配。从战略区域创新情况来看，创新投入高的地区创新指数也较高，而创新产出则并不一定高，这表明战略区域各省（自治区、直辖市）将科技成果转化为生产力的能力还不强。创新指数得分

排名前五位的省（直辖市）除北京各个创新各要素间相对协调匹配外，上海、江苏、浙江和广东尚不匹配。而在创新产出排序中，西部的陕西省和重庆市跃居前五名（见表1-19）。

表1-19 创新指数及各创新要素得分排序

	第一名	第二名	第三名	第四名	第五名
创新指数	北京市	上海市	江苏省	浙江省	广东省
创新环境	上海市	广东省	浙江省	北京市	江苏省
创新投入	北京市	江苏省	上海市	浙江省	天津市
创新产出	北京市	陕西省	上海市	天津省	重庆市

（二）区域创新的差异

尽管我国战略区域创新的总体特征具有一致性，但在创新指数的影响因子上却存在一些较为显著的差异。

形成区域创新差异的影响因子不同。如表1-20所示，京津冀区域主要体现为创新产出的差异，而"一带一路"沿线和长江经济带则体现为创新环境的差异。

表1-20 战略区域创新指数的变异系数（CV）比较

战略区域	创新指数 CV	创新环境 CV	创新投入 CV	创新产出 CV
"一带一路"沿线	0.42	0.68	0.56	0.31
京津冀	0.63	0.47	0.59	0.83
长江经济带	0.48	0.66	0.48	0.28

引领各区域创新发展的活跃要素不同。如表1-21所示，区域创新指数的创新活跃要素差异："一带一路"沿线地区主要为资金投入、人力资本和经济状况；京津冀区域主要为知识产权、人力资本和资金投入；长江经济带区域主要为金融状况、企业及研发和创新政策。

表 1-21　战略区域创新活跃要素比较

战略区域	活跃要素		
	第一要素	第二要素	第三要素
"一带一路"沿线	资金投入	人力资本	经济状况
京津冀	知识产权	人力资本	资金投入
长江经济带	金融状况	企业及研发	创新政策

　　区域间创新梯度特征有异有同。如表 1-22 所示,首先,战略区域第一梯度的创新关键因素均为"信息化水平",信息化要素对创新驱动的重要意义可见一斑。其次,第二梯度中,"一带一路"沿线地区、京津冀、长江经济带的创新关键要素差异明显,分别为知识产权、经济状况、金融环境,而价值实现、创新政策成为第三、第四梯队的关键要素。

表 1-22　战略区域创新要素的梯度特征

战略区域	创新要素		
	第一梯队	第二梯队	第三、第四梯队
"一带一路"沿线	信息化水平	知识产权	价值实现
京津冀	信息化水平	经济状况	创新政策
长江经济带	信息化水平	金融环境	价值实现

第三章　中国区域创新:困境与对策

当前,在各地政府和跨区域制度安排的积极推动下,我国区域创新已初显成效,对区域经济发展和创新型国家建设发挥着日益重要的支撑作用。但也应看到,我国区域创新总体发展水平仍不高且具有明显的梯度性,经济发达区域肩负着带动周边区域协同创新的艰巨任务,经济欠发达、发展环境欠佳的落后地区则面临着发展动力转换不畅的现实难题。

一、发展困境

(一) 区域创新"马太效应"明显

我国区域创新呈现"东高西低"之势,一些经济发达省(自治区、直辖市)成为区域创新的"领头羊"。较为明显的是,不同省(自治区、直辖市)创新投入与区域创新之间存在"强者越强、弱者越弱",即投入越多,创新越强的"马太效应"。尽管区域创新的三个子系统彼此相互关联和影响,但作为仍处于区域创新初始阶段的广大中西部地区,较低的创新投入水平会引致区域创新进入"创新投入不足→创新网络难以形成→企业创新能力不足→区域创新水平低→区域经济发展缓慢→创新投入不足"的"低水平路径依赖"循环。

(二) 创新要素惰性沉淀突出

创新投入少并不代表着创新产出少,同时创新投入大、创新要素集聚也不意味着创新产出水平高。从全国来看,除个别省(自治区、直辖市)区域创新已形成"高投入—高产出"的良性循环外,一些区域甚至发达地区高投入、低产出的问题也十分突出,其中技术应用能力成为"短板"中的"短板"。这表明区域创新投入红利尚未充分释放,区域创新效率不尽如人意。创新要素在部门、城乡和区域之间流动与协作受限,导致许多创新要素囿于一隅、惰性沉淀,未能有效发挥作用。

(三) 区域创新"协"而不"同"

我国区域协同创新发展程度并不高,创新主体之间、区域之间处于表面的"协",远未达到深层次意义的"同"。一是由于区域协同创新载体的匮乏、利益驱动和风险分担等机制的缺失,各类创新主体难以实现资源有效整合和常态化深度合作;二是受我国长期以来的行政管理体制影响,都市圈、城市群内部区域协同创新水平较低,对周边区域的创新辐射带动作用收效甚微,在传统行政区经济思维下,都市圈、城市群内部各地方政府为了保护本地利益,总是倾向于将创新链留在本地,阻碍本地创新要素流出,不愿与其他地区共享创新要素。

(四) 企业创新能力与动力错配

虽然企业在我国区域创新中的主体地位已逐步确立,但企业创新能力与动力错配现象普遍存在。当前创新活动的不确定性和风险性空前加大,需要更大规模的财力和人力投入。一方面,部分国有企业、资源开发型企业缺乏足够的创新动力,不会投入过多资金;另一方面,中小科技企业创新意愿强、制度束缚少,但创新资源有限,倾向于开发或引进一些短平快的技术,自主研发能力不强;由于区域产业结构同质化严重,落后产能消化对企业形成巨大压力和挑战,资产和债务的固化造成了一批僵尸企业,从根本上扼杀了企业创新力量的生长。

（五）产业转移中创新扩散不足

改革开放以来，承接国外产业转移为我国东部沿海地区提供了有效的创新扩散源，推动了东部地区率先发展。实施西部大开发等战略以来，国际国内产业向中西部地区转移的步伐明显加快，为创新要素向中西部辐射转移提供了历史性机遇。但不少中西部地区存在承接落后产能、资源不节约和环境不友好的产业的情况，沿袭了低成本人力资源优势的老路，并未掌握所承接产业的核心高端技术，导致创新要素没能随着产业转移而同步扩散，中西部地区未能有效接受发达地区的创新辐射。

（六）创新文化和创新氛围不浓

"鼓励冒险和宽容失败的氛围"是硅谷创业精神研究专家罗文概括的硅谷八条特殊优势之一。可见，有利于区域创新的文化和氛围既是区域创新的重要软环境，也是区域创新体系建设中更深层次的问题。目前，我国鼓励创新创业、注重合作诚信、宽容失败的创新文化和氛围还不浓，不能较好地为区域创新保驾护航。同时，还存在一些对创新文化氛围营造的不利因素，如对知识产权和企业家的法律保护力度不够，科技人员的薪酬偏低，等等。

二、应对之策

（一）构建螺旋式创新循环系统

推动其区域创新进入内生性提升的螺旋式循环轨道。一是树立新的发展理念，鼓励创新创业要多抓基础、搞好环境、做好服务，要避免盲目引资、上项目、铺摊子的低效和扭曲的区域创新模式；二是坚持存量增量并举，兼顾新兴产业发展和传统产业优化升级，增强区域创新竞争优势；三是用好互联网发展机遇，在有条件的区域要用好互联网发展带来的重大机遇,积极培育新的区域创新增长极,实现区域创新的跳跃式发展;四是有效持续增加创新投入。

(二) 选择性推动创新要素集聚

一个完备的区域创新系统既包括催生创新的极核,也包括接受创新辐射的腹地,它们在创新系统中的功能定位不同,对创新要素集聚的要求也不相同。一方面,要发挥市场在创新要素配置中的决定性作用,进一步破除各种制度藩篱,探索多种创新要素组合利用模式,为实现创新要素的自由流动奠定坚实基础;另一方面,摒弃平均主义,在坚持全域创新理念的基础上,重点引导更多创新要素配置到人口密度大、创新环境好的城市或区域,形成一批区域创新高地和极核,从而增强对周边地区区域创新的辐射带动力。

(三) 积极推动区域间协同创新

提高区域协同创新水平是深入实施创新驱动战略的重要内容。一是创新区域协同发展模式。借鉴欧洲成立创新工学院的做法,发挥创新共同体(KICs)和专利联盟(PP)模式优势,有效整合高等教育、企业和研究机构。二是搭建区域协同创新有效平台,搭建"众创空间"网络平台和实体平台,鼓励小微科技创新企业、创新个体、创新团队成为平台会员。三是构建利益分享机制。理顺企业、大学、研究机构之间的利益分配,合理分配部门工作考核任务,协同地区资源"再分配",建立地区之间直接或间接的利益补偿机制。四是加大环境协同,打造优越的软硬环境,改善居住和交通条件,通过行业协会、技术联盟和研讨会议等载体,为创新群体提供深入交流的机会,促进缄默知识分享。

(四) 培育具有创新精神企业家

企业家有创新和冒险的天性,是市场的发现者和创造者,对企业创新活动具有主导作用,其创新能力直接决定了企业的创新能力。因此,激发企业创新动力、提升企业创新能力必须首先培育一批创新型企业家。一是实施企业家引领的区域创新战略，通过着力营造自由宽松的市场环境，强化企业家在创新中的主导者和组织者作用；二是发挥政府对区域创新的服务和支撑功能，完善基础设施网络、公共服务和融资体系，加大政府对企业自主研发的投入和支持力度，增强创新型企业的生存能力和自主创新能力；三是加强知识产权保护，完善商业秘密保护法律制度、知识产权审判工作机制和侵权查处机制，营造良好企业创新环境。

（五）营造良好创新文化和氛围

营造鼓励创新、宽容失败的文化氛围，集聚并激活创新要素。发挥新旧媒体作用，树立"平民（草根）创新榜样"，加大媒体正面报道强度。推进"失败学"的研究，建立失败知识数据库，收集组织创新中的失败案例，对其进行事件描述和情境分析。探索推动人才优先发展和管理体制创新的新模式，提升创新平台建设水平，优化有利于创新人才集聚的财政、金融和文化环境，形成强大的创新人才"磁场"。

第二部分

中国区域创新指数报告（2016）

研究团队名单

项目顾问

    李后强   四川省社会科学院党委书记、教授

                 创新与发展战略研究中心名誉主任

    张志强   中国科学院成都文献情报中心主任、研究员

项目负责

    郭晓鸣   四川省社会科学院副院长、研究员

                 创新与发展战略研究中心主任

项目执行

    廖祖君   四川省社会科学院区域经济与城市发展研究所所长、研究员

                 创新与发展战略研究中心秘书长

    廖冲绪   四川省社会科学院科研处处长、副研究员

项目组成员（按姓氏笔画排名）

    王 娟、方 茜、冉 敏、刘 伟、肖华堂、张 霞、周小娟、高 洁

创新 2.0：启航新时期

2016 年是"十三五"开局之年，也是我国建设创新型国家、迈向知识型社会的关键一年。这一年，成功开启了中国创新 2.0 的新征程。3 月，《中华人民共和国国民经济和社会发展第十三个五年规划纲要》发布，明确以创新发展等"五大发展理念"统领全局，并首次纳入创新驱动类目标。5 月，《国家创新驱动发展战略纲要》出台，确定实施创新驱动发展战略"三步走"的总目标、总方案和路线图。8 月，《2016 年全球创新指数报告》发布，中国首次跻身前 25 位，标志着发展中国家在国际创新领域的首次强势发声。

区域创新体系是在特定的区域环境下，由人、财、物、知识、制度等创新要素构成并相互作用的网络，形成具有区域结构性特征的创新要素配置系统，促进区域创新活动广泛开展和创新成果应用、推广和普及。区域间不同的要素禀赋、差别化的生产力空间分布，以及差异化的制度安排构成了区域发展的多元化。鉴于此，对区域创新水平进行评价，是一项极其复杂的系统工程，需要更下沉的视阈、更创新的理念、更多元的维度。以"创新元"为评价对象进行区域创新水平评价，更能深刻揭示区域创新发展的纵向深度与横向广度。

本年度的区域创新指数报告有三大特点：

一是以更下沉的视阈，首创性提出区域创新元概念。我们认为，副省级城市和地级市是构成区域创新体系结构及功能的基本单位，是区域创新生命体中类似于人体"神经元"的创新元，是拉动区域创新的引爆点。不同于创新资源高度集聚、作为全国创新极核的北京、上海等直辖市，副省级和地级市处于全国创新格局的中间位置,起着向上支撑、往下拉动的重要作用。

二是以更创新的理念,运用区域经济理论审视创新。我们并非只关注创新活动本身,而是始终坚持运用区域经济学的理论和工具去分析创新行为,始终坚持分地区和战略区域对创新水平进行研判,始终坚持从促进区域合作与协同发展出发谋划区域创新策略。

三是以更多元的维度,关注区域创新纵横变化趋势。区域创新水平的提升不是一蹴而就的,而是连续的、动态的,需要给予长期、持续的关注。我们评价一个地区的区域创新水平,不仅要密切关注其静态的横向比较,而且要注重梳理其演化规律和发展轨迹。

从适应和促进创新2.0的目标出发,我们以区域创新元为基本评价单元,对中国区域创新水平进行评价,力求科学测度区域创新水平,挖掘区域创新短板、障碍与掣肘,寻求激发区域创新活力的有效策略,为启航中国创新新时代、抢占国际创新价值链顶端贡献力量。

第一章 区域创新态势：变化与走向

经济新常态下，创新成为引领中国持续发展的根本动力，由区域创新形成的经济增长极正日益成为一个地区赢得和保持竞争优势的决定性因素。此背景下，催生出区域创新的一系列新的变化与走向。

一、从首位引领走向区域协同

在区域创新的初始阶段，首位城市通过创造良好的营商环境，吸引更多资本流入，聚集大量高层次创新人才，加大创新要素黏性，降低流动程度，"虹吸效应"明显。随着区域整体创新水平的提升，首位城市主导创新、周边城市跟随创新的同质发展格局，逐渐向首位城市带动创新、周边城市参与创新的协同发展格局转变。这一趋势集中表现为周边城市积极融入区域创新体系，利用自身特色优势接收首位城市溢出的创新要素和创新成果，首位城市与周边城市在城市功能、产业空间布局形成互补，共同推动区域内新技术或新知识的产生、流动、更新和转化。

二、从精英导向走向大众参与

传统观点认为，无论个人创新行为还是组织创新行为，都是少数知识精英的"专属"。人力资本存量提升、"互联网+"等技术蓬勃发展引发了经济社会形态和结构的重大转变，同时也导致区域创新从精英导向到大众参与的转变。区域通过聚集创新创业资源，培育具有核心竞争力的创业团队和企业,推动科技和商业模式创新,为"大众创业、万众创新"搭建平台。创新创业主体不再是闭门造车而是共创共享,满足个性化需求成为创新创业的出发点和归属点。区域创新不再是遥不可及的"高大上","草根"人才在区域创新中的潜能得以激发,浓厚的创业创新氛围逐渐形成,"敢为人先、宽容失败"的创新文化加快养成,为提升区域创新活力提供了不竭动力。

三、从政府主导走向多方合作

从以往的经验来看,政府在整个创新过程中起"保姆式"主导作用。现阶段政府在区域创新中的主导作用已逐渐转变为包括政府在内的多方合作机制,政府成为创新网络的节点,沟通、联合其他社会参与方共同推进区域创新。创新各要素之间的相互作用程度和联系效率无不与区域制度安排、政策法规、基础设施建设水平及创新文化氛围等环境因素息息相关,这表明不仅要注重发挥政府在区域创新中的引导作用,而且要注重挖掘创新市场需求,激发其他创新主体的主动性、积极性,形成多方参与的创新格局。

四、从线性增长走向非线性跃升

传统的区域创新模式更多地表现为"投入—产出"的线性增长。随着区域创新体系构成要素日益复杂,创新源头不断增加,创新活动更加交织穿插,导致区域创新表现出高度活跃性和非线性特征。大学、研究机构与企业等创新主体之间的往来更加频繁,科技金融、科技孵化等有助于创新的功能性要素日益发挥更为重要和关键的作用,创新体系相互作用的运作过程愈加复杂,形成的区域性创新网络,越来越成为区域创新能力提升的"黑匣子"。

五、从创新要素竞赛走向创新生态竞争

创新要素比拼容易导致创新产出的低效化,而且随着流动速度加快可能导致创新要素的比较优势难以持久保持。从国外发达国家的实践来看,创新生态系统的构建成为区域创新竞争优势形成的重要源泉。创新生态系统不仅注重创新要素组合效率的提升,更加强调创新要素之间的共同演化。创新生态系统的构建不是创新要素的简单集合,而是系统化地整合科研生态、人才生态、创新产业链生态、金融生态和全球化资源配置生态。

第二章 区域创新指数：排行与特征

副省级城市和地级市作为我国区域创新系统中最重要的创新元，在集聚创新资源、串联创新网络、推进技术创新和管理创新、提升区域综合竞争力等方面具有极为重要的作用。本部分以区域创新元[①]为对象，采取全国、分地区、分战略区域等多维度对区域创新指数进行评价。

一、全国总体排名

（一）创新综合指数

创新综合指数反映区域创新的总体发展状况，由创新环境指数、创新投入指数和创新产出指数综合构成。2016 评价年度（因数据为 2014 年，一为此提法），创新综合指数均值为 66.55，有 100 个地区指数值高于平均值，排名前 30 位的地区见表 2-1。年度排名前十位是我国区域创新元中的优势"极点"，分别为：深圳、苏州、广州、南京、杭州、宁波、成都、武汉、无锡、珠海。

本评价年度，西部、中部地区创新水平提升显著。同 2015 年排名前十位的地区全部位于东部不同，西部成都、中部武汉进入前十，西安、长沙、郑州、南昌、太原等中西部地区排位普遍提升，这意味着中西部地区创

---

① 2014 年年底，全国副省级与地级城市共计 288 个，由于海南省三沙市、西藏自治区的昌都市和日喀则市三个市相关数据缺失或不全，本书仍仅对全国除三沙市、昌都市和日喀则市外的 285 个地级市进行评价。

新潜力正被快速激活,部分创新高地已具全国性竞争实力。此外,合肥、金华、绍兴、南昌、温州、太原首次进入前30位。

表 2-1　全国创新综合指数前 30 位地区排名

排名	地区名称	指数值	排位变化	排名	地区名称	指数值	排位变化
1	深圳市	87.04	↑	16	厦门市	74.11	↓
2	苏州市	82.69	↓	17	长沙市	73.87	↑
3	广州市	80.74	↑	18	常州市	73.54	↓
4	南京市	79.66	↓	19	合肥市	73.09	↑
5	杭州市	79.46	—	20	中山市	73.00	↑
6	宁波市	78.03	↓	21	郑州市	72.81	↑
7	成都市	77.42	↑	22	金华市	72.11	↑
8	武汉市	77.31	↑	23	嘉兴市	72.08	↑
9	无锡市	75.98	↓	24	绍兴市	71.90	↑
10	珠海市	75.67	↑	25	南昌市	71.89	↑
11	济南市	74.83	↑	26	镇江市	71.68	↓
12	西安市	74.81	↑	27	大连市	71.51	↓
13	佛山市	74.46	↑	28	福州市	71.40	↑
14	东莞市	74.25	↓	29	温州市	71.24	↑
15	青岛市	74.17	↑	30	太原市	71.04	↑

(二) 创新环境指数

创新环境指数反映所在区域为创新活动所供给的软硬件环境状况。2016 评价年度,创新环境指数均值为 65.36,有 83 个地区指数高于平均值,排名前 30 位的地区见表 2-2。创新环境具有明显领先优势、排名前十位的地区依次是:深圳、广州、苏州、杭州、南京、成都、宁波、武汉、厦门、青岛。

区域创新综合指数的三大分项指数中,创新环境指数最为稳定,创新环境指数可看作区域创新的"惰性指数",激活难度较大。与 2015 年该指数的区域分布相比,前 30 位的调整幅度横比最低。有 9 个地区排位未发生变化,而舟山、银川、沈阳、昆明、廊坊 5 地排名首次进入前 30 位。

表 2-2　全国创新环境指数前 30 位地区排名

排名	地区名称	指数值	排位变化	排名	地区名称	指数值	排位变化
1	深圳市	88.53	—	16	西安市	73.65	↓
2	广州市	82.76	—	17	舟山市	72.98	↑
3	苏州市	82.55	—	18	郑州市	72.90	—
4	杭州市	79.98	↑	19	佛山市	72.78	↓
5	南京市	79.82	↑	20	福州市	72.46	↓
6	成都市	78.74	↓	21	长沙市	71.92	—
7	宁波市	78.50	↑	22	嘉兴市	71.19	↓
8	武汉市	76.30	—	23	银川市	70.86	↑
9	厦门市	75.63	↑	24	金华市	70.84	↑
10	青岛市	75.10	—	25	沈阳市	70.63	↑
11	东莞市	74.33	↓	26	合肥市	70.60	↓
12	大连市	74.28	↑	27	南昌市	70.38	—
13	珠海市	74.21	↑	28	中山市	70.31	↓
14	济南市	73.90	↓	29	昆明市	70.14	↑
15	无锡市	73.73	—	30	廊坊市	70.06	↑

（三）创新投入指数

　　创新投入指数用以反映所在区域实施创新活动所需资源的投入状况。2016 评价年度,区域创新投入指数均值为 64.34,有 101 个地区指数高于平均值,排名前 30 位地区见表 2-3。创新投入指数排名前 10 位的地区依次是:深圳、南京、珠海、武汉、太原、广州、西安、杭州、济南、厦门。

　　在区域创新综合指数下的三大分项指数中,创新投入指数最为敏感,可看作区域创新的"活跃指数"。与 2015 评价年度该指数的区域分布相比,前 30 位变化幅度横比最大,大部分排位均发生了变化,部分排位变化在 10 位以上。中西部地区一些地级市排名提升较为明显,如在军民融合创新等方面具有独特优势的国家科技城绵阳,首次进入前 30 位榜单,排名第 11 位。这表明我国区域创新投入正处在以地区间快速调整、排位动荡变化为常态的阶段。

表 2-3　全国创新投入指数前 30 位地区排名

排名	地区名称	指数值	排位变化	排名	地区名称	指数值	排位变化
1	深圳市	79.81	↑	16	兰州市	73.07	↓
2	南京市	79.59	↓	17	南昌市	72.88	↑
3	珠海市	78.10	↑	18	苏州市	72.84	↑
4	武汉市	77.88	↑	19	芜湖市	72.64	↑
5	太原市	76.11	↑	20	中山市	72.64	↑
6	广州市	75.89	↑	21	西宁市	72.50	↑
7	西安市	75.45	↑	22	贵阳市	72.48	↓
8	杭州市	75.03	↓	23	常州市	71.39	↓
9	济南市	74.72	↑	24	云浮市	71.09	↑
10	厦门市	74.13	↓	25	无锡市	70.86	↓
11	绵阳市	73.85	↑	26	郑州市	70.83	↑
12	合肥市	73.83	↑	27	成都市	70.28	↑
13	铜陵市	73.22	↑	28	宁波市	70.17	↑
14	东莞市	73.15	↑	29	镇江市	70.11	↓
15	长沙市	73.14	↑	30	昆明市	70.03	—

（四）创新产出指数

创新产出指数用以反映区域创新活动产生的效果。2016 评价年度，创新投入指数均值为 69.94，有 105 个地区指数高于平均值，排名前 30 位的地区见表 2-4。创新产出指数排名前十位的地区依次是：深圳、苏州、宁波、广州、杭州、无锡、成都、佛山、温州、南京。

在区域创新综合指数下的三大分项指数中，创新产出指数的排位稳中有变，可看作区域创新的"微振指数"。一方面，前十位位次变化幅度相对较小，位列前两位的深圳、苏州排位未发生变化；另一方面，总体排位竞争较强，前 30 位榜单中，有 9 个地区首次入榜，有 7 个地区排位变化在

10 位以上。

表 2-4　全国创新产出指数前 30 位地区排名

排名	地区名称	指数值	排位变化	排名	地区名称	指数值	排位变化
1	深圳市	92.78	→	16	镇江市	76.64	↑
2	苏州市	92.68	→	17	长沙市	76.55	↑
3	宁波市	85.43	↑	18	丽水市	76.16	↓
4	广州市	83.58	↑	19	中山市	76.03	↓
5	杭州市	83.36	↑	20	台州市	75.99	↑
6	无锡市	83.36	↓	21	嘉兴市	75.92	↓
7	成都市	83.25	↑	22	济南市	75.86	↑
8	佛山市	80.66	↑	23	鄂尔多斯市	75.70	↑
9	温州市	79.96	↑	24	东营市	75.63	↓
10	南京市	79.56	↑	25	南通市	75.47	↓
11	常州市	79.23	↓	26	西安市	75.34	↑
12	金华市	78.38	↑	27	扬州市	75.33	↓
13	武汉市	77.75	↑	28	东莞市	75.27	↓
14	青岛市	77.41	↑	29	湖州市	75.08	↓
15	绍兴市	77.00	↑	30	沈阳市	75.01	↑

二、分地区排名

为反映我国区域创新指数的空间格局,本书采用东部、中部、西部、东北四大区域划分进行分析评价。285 个创新元分布为:东部地区 84 个、中部地区 80 个、西部地区 87 个、东北地区 34 个。

（一）总体格局

区域创新指数依然呈现东高西低的总体格局,但西部地区进步明显、差距正在缩小。四大区域创新综合指数均值从高到低依次为东部地区

(69.22)、中部地区(65.89)、东北地区(65.32)和西部地区(65.05)。东部领先优势明显,中部、东北、西部水平接近。从各分项指数来看,东部地区和中部地区均分居第一位、第二位,与2015评价年度西部地区分项指数均居于末尾相比,2016年度西部地区创新投入指数高于东北地区、居第三位,但创新环境、创新产出指数仍低于东北(见图2-1)。

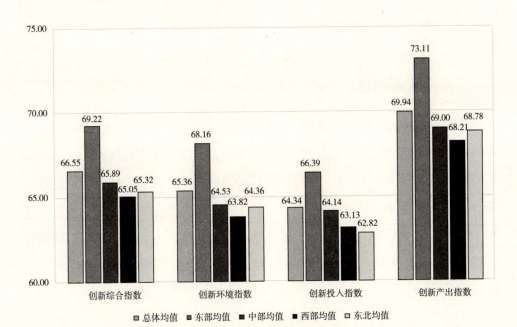

图 2-1 四大区域创新指数比较

进一步从创新综合指数排名前30位地区考察四大区域之间的差距。表2-5显示,东部领先优势明显,另外三个区域之间的位序因考察范围不同而有所变化。在仅考察前10位地区时,西部与中部处于同等水平;将考察范围扩大到20位时,中部出现领先;再扩大到30位时,中部领先优势更加明显,东北也开始追赶。总的来看,从优势地区来考察,四大区域的排序情况为:东部地区绝对领先,然后依次为中部地区、西部地区、东北地区。其中,中部优势区域分布更加广泛,西部优势区域则集中在个别创新高地。

表 2-5　创新综合指数前 30 位地区的区域分布情况

	东部	中部	西部	东北
前 10 位	8	1	1	0
第 11—20 位	7	2	1	0
第 21—30 位	7	2	0	1
累计	22	5	2	1

（二）东部地区

东部地区创新水平总体较高,且优势区域集中态势明显。84 个地区创新综合指数均值为 69.22,比全国平均值高 2.67,其中指数值高于全国平均值的地区有 62 个,接近东部地区数量的 3/4。从指数值的区间分布来看,仅深圳、苏州、广州三个地区高于 80,南京、杭州等 21 个地区处于 70—80 区间,其余 60 个地区均处于 60—70 区间。东部地区综合指数排名前 15 位的地区见表 2-6、图 2-2,这些地区主要集中在珠三角(6 个)、长三角(6 个)。

表 2-6　东部地区创新综合指数前 15 位地区排名

排名	地区名称	创新综合指数	排名	地区名称	创新综合指数
1	深圳市	87.04	9	济南市	74.83
2	苏州市	82.69	10	佛山市	74.46
3	广州市	80.74	11	东莞市	74.25
4	南京市	79.66	12	青岛市	74.17
5	杭州市	79.46	13	厦门市	74.11
6	宁波市	78.03	14	常州市	73.54
7	无锡市	75.98	15	中山市	73.00
8	珠海市	75.67			

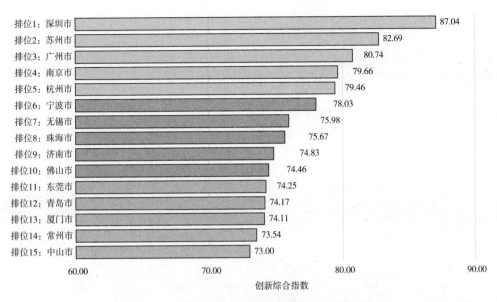

排位1：深圳市 87.04
排位2：苏州市 82.69
排位3：广州市 80.74
排位4：南京市 79.66
排位5：杭州市 79.46
排位6：宁波市 78.03
排位7：无锡市 75.98
排位8：珠海市 75.67
排位9：济南市 74.83
排位10：佛山市 74.46
排位11：东莞市 74.25
排位12：青岛市 74.17
排位13：厦门市 74.11
排位14：常州市 73.54
排位15：中山市 73.00

创新综合指数

图 2-2　东部地区创新综合指数前 15 位地区排名

（三）中部地区

中部地区创新水平居中,优势地区分布较为均衡。80 个地区创新综合指数均值为 65.89,略低于全国平均值,仅 18 个地区指数值高于全国平均值,即绝大部分中部地区低于全国平均水平。从指数值区间分布来看,没有高于 80 的地区,武汉、长沙等五个省会城市及芜湖、铜陵处于 70—80 区间,其余 72 个地区均处于 60—70 区间。中部综合指数排名前 15 位的地区见表 2-7、图 2-3,除河南、山西仅有省会城市入围外,其余中部四省(湖北、湖南、安徽、江西)均有 3—4 个地区入围,分布较为均衡。

表 2-7　中部地区创新综合指数前 15 位地区排名

排名	地区名称	创新综合指数	排名	地区名称	创新综合指数
1	武汉市	77.31	9	湘潭市	68.15
2	长沙市	73.87	10	马鞍山市	67.60
3	合肥市	73.09	11	襄阳市	67.52
4	郑州市	72.81	12	株洲市	67.12

续表

排名	地区名称	创新综合指数	排名	地区名称	创新综合指数
5	南昌市	71.89	13	新余市	67.04
6	太原市	71.04	14	鹰潭市	66.88
7	芜湖市	70.82	15	黄石市	66.87
8	铜陵市	70.28			

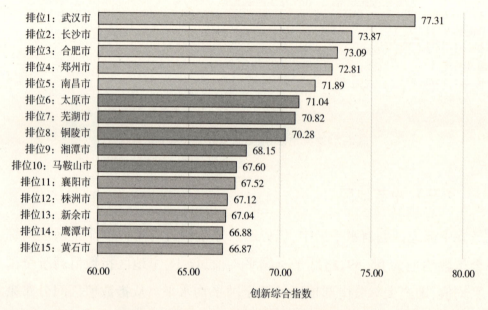

图2-3　中部地区创新综合指数前15位地区排名

（四）西部地区

西部创新水平总体不高,除个别创新高地外均处于较低水平状态。87个地区创新综合指数均值为65.05,比全国平均值低1.5,仅15个地区指数高于全国平均值,即近83%的西部地区低于全国平均水平。从指数区间分布来看,没有高于80的地区,仅成都、西安处于70—80区间,其余85个地区均处于60—70区间。西部综合指数排名前15位的地区见表2-8、图2-4,成都以77.42成为西部创新首位地区,西安以74.81紧随其后,其他地区均不到70,密集分布于67—70;从省际分布来看,四川呈显

著的引领之势,除成都一马当先外,德阳、绵阳均强势入围,特别是绵阳领
先于大部分省会,为非省会城市之首,居西部第6位。

表 2-8　西部地区创新综合指数前 15 位地区排名

排名	地区名称	创新综合指数	排名	地区名称	创新综合指数
1	成都市	77.42	9	乌鲁木齐市	68.48
2	西安市	74.81	10	兰州市	68.42
3	贵阳市	69.78	11	鄂尔多斯市	68.18
4	昆明市	69.70	12	克拉玛依市	67.75
5	银川市	69.70	13	包头市	67.58
6	绵阳市	69.22	14	德阳市	67.41
7	西宁市	69.06	15	南宁市	67.40
8	呼和浩特市	69.05			

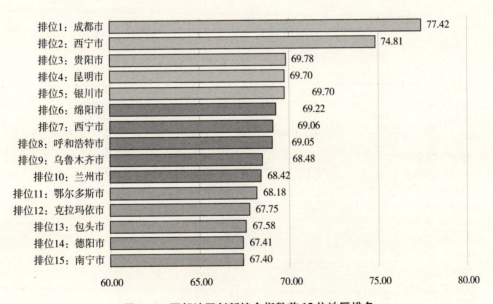

图 2-4　西部地区创新综合指数前 15 位地区排名

（五）东北地区

东北地区创新水平较低,且没有特别突出的优势地区。34 个地区创新

综合指数均值 65.32,比全国平均值低 1.23,仅 5 个地区指数值高于全国平均值,即绝大部分东北地区低于全国平均水平。从指数值区间分布来看,没有高于 80 的地区,仅大连、沈阳处于 70—80 区间,其余 32 个地区均处于 60—70 区间。东北综合指数排名前 10 位的地区见表 2-9、图 2-5,处于前四位的大连、沈阳、长春、哈尔滨分值也仅 70 左右,创新水平普遍偏低。

表 2-9　东北地区创新综合指数前 15 位地区排名

排名	地区名称	创新综合指数	排名	地区名称	创新综合指数
1	大连市	71.51	9	营口市	65.81
2	沈阳市	70.84	10	吉林市	65.70
3	长春市	69.85	11	锦州市	65.70
4	哈尔滨市	69.60	12	松原市	65.62
5	大庆市	67.37	13	阜新市	65.55
6	盘锦市	66.42	14	绥化市	65.41
7	本溪市	66.30	15	抚顺市	65.21
8	佳木斯市	66.04			

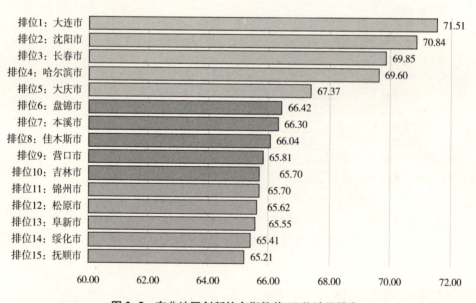

图 2-5　东北地区创新综合指数前 15 位地区排名

三、分战略区域排名

国家重点发展城市群①、"一带一路"沿线地区和长江经济带是我国经济、人口高密度聚集以及国家战略资源重点投放区域,其创新元的创新活力在很大程度上决定了这些区域的整体创新水平和综合竞争实力。

（一）国家重点发展城市群

七大国家重点发展城市群排名前五位地区见表2-10。除长三角、珠三角城市群前五位地区创新综合指数达到70以上,其他城市群前五位地区创新综合指数均不高,京津冀、哈长城市群前五位地区创新综合指数均未达到70,成渝城市群虽然排首位的成都创新综合指数较高,但排第五位的遂宁创新综合指数尚未达到全国均值。总体来看,大部分国家重点发展城市群创新元的创新水平仍然不高,对区域创新水平提升的支撑作用仍不强。

表2-10　七大国家重点发展城市群排名前5位②

城市群	排名前五位地区
长三角城市群	苏州市（82.69）、南京市（79.66）、杭州市（79.46）、宁波市（78.03）、无锡市（75.98）
珠三角城市群	深圳市（87.04）、广州市（80.74）、珠海市（75.67）、佛山市（74.46）、东莞市（74.25）
京津冀城市群	石家庄市（68.41）、秦皇岛市（67.96）、唐山市（67.24）、廊坊市（66.77）、沧州市（66.60）
长江中游城市群	武汉市（77.31）、长沙市（73.87）、南昌市（71.89）、湘潭市（68.15）、襄阳市（67.52）
中原城市群	郑州市（72.81）、新乡市（66.75）、蚌埠市（66.75）、聊城市（66.67）、许昌市（66.47）

---

① 根据《国家新型城镇化规划（2014—2020年）》,七大国家重点发展城市群包括:珠三角城市群、长三角城市群、京津冀城市群、中原城市群、长江中游城市群、成渝城市群、哈长城市群。

② 不含北京、上海、天津、重庆四个直辖市。

续表

城市群	排名前五位地区
成渝城市群	成都市（77.42）、绵阳市（69.22）、德阳市（67.41）、自贡市（65.25）、遂宁市（64.56）
哈长城市群	长春市（69.85）、哈尔滨市（69.60）、大庆市（67.37）、吉林市（65.70）、牡丹江市（64.57）

从各城市群内部地区间差距来看,变异系数从大到小排序依次为珠三角、长三角、成渝、哈长、长江中游、京津冀、中原。从创新综合指数排位角度看,居前两位和后两位的城市群没变,即创新综合指数越高的城市群,其内部差距也越大,反映出空间聚集与创新水平提升之间具有一定正向关联。但同时,也可以看到居于中间的成渝、哈长、长江中游排序有变化,成渝城市群创新综合指数较低,内部差距较大,而长江中游城市群则反之。这与四大区域分析所揭示的现象一致:中部地区创新水平相对均衡,而西部地区创新优势则主要集中于少数中心城市。

表2-11　国家重点发展城市群内部地区间差距情况

城市群	变异系数（%）	创新综合指数最大值、最小值之差
长三角城市群	3.81	16.67
珠三角城市群	5.97	21.11
京津冀城市群	2.51	5.14
长江中游城市群	4.57	13.75
中原城市群	2.28	9.31
成渝城市群	8.80	13.88
哈长城市群	6.14	5.99

（二）"一带一路"沿线

"一带一路"沿线共涉及146个创新元,其创新综合指数均值为66.81,略高于全国平均水平,创新环境、创新投入、创新产出三项分项指数分别为65.72、64.48、70.24,同样均略高于全国平均水平,说明"一带一路"沿线地区在聚集创新资源方面具有一定基础优势。但从地区间比较来看,内部差距较大,146个地区中仅53个地区创新综合指数高于全国平均水平,全国得分最高的深圳与得分最低的陇南均在这一区域内,两者分值相差26.25。

　　从"一带一路"沿线区域比较来看,受全国梯阶影响,省际创新分化特征明显。创新水平呈现出"东高西低"的格局,排名前三位均位于东南沿海,而排名末3位均位于西部地区(见图2-6)。大部分省份创新综合指数较低,除浙江、广东、福建、海南、新疆外,其余省份均低于全国平均水平。浙江各地区创新综合指数较为均衡,总体领先优势突出;广东虽拥有深圳等国家级创新高地,但内部差距较大,总体水平被拉低;新疆、福建作为两个核心区域,与2015年度相比,创新综合指数相对位势有所上升。

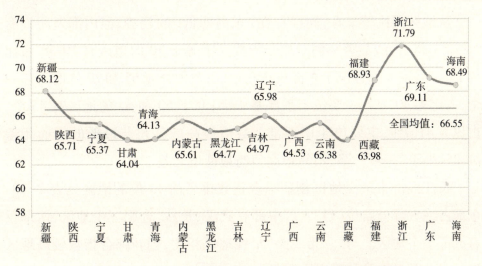

图2-6　"一带一路"沿线重点省(自治区)创新综合指数均值

　　"一带一路"沿线地区创新综合指数排名前15位的地区见表2-12。东部沿海地区占9席,中部占4席,西部有成都、西安入围。

表 2-12 "一带一路"沿线创新综合指数排名前 15 位的地区

地区	地区名称及排名
东部地区	深圳市(1)、广州市(2)、杭州市(3)、宁波市(4)、珠海市(7)、佛山市(9)、东莞市(10)、厦门市(11)、中山市(14)
中部地区	武汉市(6)、长沙市(12)、合肥市(13)、郑州市(15)
西部地区	成都市(5)、西安市(8)

（三）长江经济带

长江经济带涉及 108 个创新元,其创新综合指数均值为 67.01,高于全国平均水平,创新环境、创新投入、创新产出三项分项指数分别为65.68、64.81 和 70.51,同样均高于全国平均水平,并且除创新环境外其他指数均值均高于"一带一路"沿线地区,说明长江经济带涉及创新元创新资源集聚的基础优势更为突出。

从地区间比较来看,同样存在"东高西低"的趋势,但内部差距没有"一带一路"沿线显著。创新综合指数大于等于 70 的地区有 19 个,占比为 17.6%,绝大部分位于东部长三角地区;数值介于 65 和 70 的地区有 44个,占比为 40.7%,主要位于东部和中部;介于 60 和 65 的地区有 45 个,占比为 41.7%,主要位于中西部。数值最高的苏州与最低的昭通相差21.25,小于"一带一路"沿线最高值与最低值之差。

长江经济带节点地区创新综合指数排名前 15 位的地区见表 2-13。东部占绝大部分席位(11 个),中部有武汉、长沙、合肥三个地区,西部仅有成都一个地区。与"一带一路"沿线地区相比,创新综合指数较高地区集中于东部沿海的趋势更为明显。

表 2-13 长江经济带节点地区创新综合指数排名前 15 位的地区

地区	节点地区名称及排名
东部地区	苏州市(1)、南京市(2)、杭州市(3)、宁波市(4)、无锡市(7)、常州市(9)、金华市(11)、嘉兴市(12)、绍兴市(13)、南昌市(14)、镇江市(15)

地区	节点地区名称及排名
中部地区	武汉市(6)、长沙市(8)、合肥市(10)
西部地区	成都市(5)

四、区域创新特征

(一) 创新空间呈"反海拔现象"

把创新综合指数五等分,按照"高""较高""一般""较低""低"五个梯度进行分析,可以看出创新水平的空间格局。我国60.7%的创新元处在创新梯度"低"的位置,29.1%的创新元处在创新梯度"较低"的位置,7.4%的创新元处在创新梯度"一般"的位置;仅有2.8%的创新元处在创新梯度"较高"或"高"的位置。从创新元的地理分布特征来看,具有明显的"反海拔现象",即高梯度创新元往往处于低海拔地区,而海拔越高的地区创新水平往往越低。从全国区域来看,创新综合指数与海拔高度呈明显的负相关性,依我国地势三级阶梯降低,区域创新水平呈逐级升高之势;从局部区域来看,创新高地往往处于区域低海拔洼地,如成都、西安分别处于低海拔的四川盆地腹心和关中平原腹地。"反海拔现象"深刻揭示了区域地理特征与创新水平之间的内在关系,地理条件优越的区域具有更好的人居环境、沟通交流条件,更能吸引创新型人才和创新型企业家这两大最重要的创新要素聚集,从而创造出更高的创新水平。这是我们在选择确定重点创新区域时必须考虑的一个重要依据。

从区域经济以点带面、以面促极、多点多极的发展规律来看,创新优势区域应具备两个条件:一是要有处于高或较高梯度的创新极核,二是周边腹地区域创新梯度不能过低,应达到"一般"及以上。照此原则进行考察,我国目前在低海拔地区初步形成了"2+3"的创新优势区域:珠三角、长三角两大创新引领区,长江中游、环渤海、成渝三个创新潜力区。

（二）创新阶段呈"两极分化"

根据推动区域创新的活跃因素的不同,可以将区域创新分为"投入驱动—产出掣肘—环境制衡"三个阶段。投入驱动阶段,创新投入是推动区域创新最活跃的因素,区域之间创新水平的差异更多由创新投入多寡引起;产出掣肘阶段,创新产出的差异对区域创新影响较大;环境制衡阶段,创新环境成为影响区域创新最活跃的因素,区域间创新水平的竞争更多体现在创新环境的竞争上。三个阶段发展具有清晰的前后逻辑关系,投入驱动阶段往往是初始阶段,进而进入投入向产出转化的产出掣肘阶段,投入驱动和产出掣肘阶段循环往复推动区域创新水平螺旋式上升,最终进入以环境竞争为主的环境制衡阶段。

指标变异系数反映该指标在地区之间的差异程度,进而可以判断该指标是否为当前活跃因素。从三项分项指数变异系数来看,东部最活跃因素为创新环境,中部、西部、东北最活跃因素为创新投入,而全国区域创新最活跃因素仍为创新投入。对比上述阶段划分,可大致判断全国区域创新两极分化现象明显,东部地区已率先进入环境制衡阶段,而中部、西部和东北地区仍然处于投入驱动阶段,还尚未进入产出掣肘阶段(见表2-14)。

表2-14　全国及四大区域创新指数变异系数比较及创新阶段判断

区域	创新环境指数变异系数（%）	创新投入指数变异系数（%）	创新产出指数变异系数（%）	创新阶段
全国	6.01	6.16	5.93	投入驱动阶段
东部	7.35	6.63	7.11	环境制衡阶段
中部	3.68	5.83	3.52	投入驱动阶段
西部	4.37	5.51	4.15	投入驱动阶段
东北	4.09	4.35	4.16	投入驱动阶段

（三）创新追赶呈"底盘效应"

区域创新相关评价及政策考量往往倾向于更加突出中心城市区域的引领作用，相对忽略腹地地区的支撑作用。当前区域创新正呈现出首位引领向区域协同转变的趋势，在首位引领的基础上，周边腹地在区域创新中的重要性日益凸显。

通过对四大区域首位、前三位、前十位以及整体均值的对比，可以得出类似结论，中部、西部、东北地区在追赶东部的过程中呈现出明显的"底盘效应"：西部首位、前三位及前十位地区创新综合指数均值均高于东北，但整体均值低于东北；西部首位地区创新综合指数均值虽高于中部，但前三位地区被中部赶超，前十位地区与中部差距进一步扩大，因此总体落后于中部。当前来看，三个追赶区域间的排序并非由排名靠前的地区决定，而更多取决于周边更广泛的腹地区域，即由"底盘"的支撑性决定（见表2-15）。

表2-15　四大区域创新综合指数分段均值比较

区域	首位地区	前三位地区	前十位地区	均值
东部	87.04	83.49	78.86	69.22
中部	77.31	74.76	71.69	65.89
西部	77.42	74.00	70.56	65.05
东北	71.51	70.73	67.94	65.32

（四）创新动能呈"柔性特征"

长期以来，受经济发展方式影响，我国区域创新以"高投资、高消耗、低产出、轻环境"的方式推动，创新动能的刚性特征明显，可持续性受到挑战。而未来的区域创新，会更依赖于通过创新制度优化、创新市场培育、创新环境营造形成具有"柔性特征"的创新动能。本书评价指标中金融、信息化、人力资本、知识产权四个二级指标反映了区域创新动能的

"柔性特征"，考察二级指标对区域创新水平的贡献度，有助于揭示当前区域创新的动能来源特征。

表2-16显示，我国区域创新动能正逐渐呈现"柔性特征"。从全国来看，区域创新前三位的贡献要素为信息化、人力资本和金融，即核心创新动能要素均偏向"柔性"。分地区来看，东部地区前三位的创新贡献要素分别为知识产权、金融、人力资本；中部地区前三位的创新贡献要素分别为信息化、金融、人力资本；西部地区前三位的创新贡献要素分别为金融、人力资本、空间集聚；东北地区前三位的创新贡献要素为人力资本、信息化、资金投入。在各地区的核心创新动能要素中，除西部第三要素（空间集聚）和东北第三要素（资金投入）外，四地其余共计10项要素均偏向"柔性特征"。总体来看，东部地区已基本实现创新动能的"柔性"转化，中部地区正加快"柔性"转化，而西部及东北地区已经呈现转化趋势。

表2-16　全国及四大区域创新贡献要素比较

区域	贡献要素（来源于第一主成分）①		
	第一要素	第二要素	第三要素
全国	信息化	人力资本	金融
东部	知识产权	金融	人力资本
中部	信息化	金融	人力资本
西部	金融	人力资本	空间集聚
东北	人力资本	信息化	资金投入

（五）创新热力呈"西进态势"

对比2015年、2016年两个评价年度四大区域排名前30位数量变化，中部、西部地区进步明显。中部及西部地区创新综合指数前30位地区增

---

① 全国数据中，主成分分析提取2个主因子，方差累计贡献率为71.00%；东部数据中，主成分分析提取2个主因子，方差累计贡献率为70.53%；中部数据中，主成分分析提取2个主因子，方差累计贡献率为73.31%；西部数据中，主成分分析提取2个主因子，方差贡献率为66.63%；东北数据中，主成分分析提取2个主因子，方差累计贡献率为72.37%。

加了1个,创新环境指数和创新产出指数前30位地区均增加了2个,创新投入指数前30位地区增加了4个,进步尤为显著。

表2-17 2015年度、2016年度四大区域排名前30位地区数量比较

区域	创新综合指数		创新环境指数		创新投入指数		创新产出指数	
	2015年度	2016年度	2015年度	2016年度	2015年度	2016年度	2015年度	2016年度
东部	21	22	21	19	19	16	25	24
中部	4	5	5	5	5	7	2	2
西部	2	2	2	4	5	7	1	3
东北	3	1	2	2	1	0	2	1

聚焦成都、武汉、西安等领先地区,中部及西部区域创新水平提升更加显著。从创新综合指数在2015年度、2016年度排名变化看,成都提升了6位、武汉提升了3位,西安提升了2位。从各项指数中部及西部前3位排名来看,成都创新综合指数、环境指数、产出指数均排名第一,表现尤为突出,成为内陆区域创新的标杆(见表2-18)。

表2-18 各项指数中部及西部排名前3位地区

指数	前3位地区	指数	前3位地区
创新综合指数	成都市、武汉市、西安市	创新投入指数	武汉市、太原市、西安市
创新环境指数	成都市、武汉市、西安市	创新产出指数	成都市、武汉市、长沙市

对成都经验的分析,揭示了中西部地区进步的深层原因。在三项分项指数中,成都的优势是创新环境指数和产出指数,而创新投入指数相对较低,原因在于:新形势下改革创新举措激活了历史积淀厚重的创新资源潜能。以成都为代表的西部区域是我国历史文化积淀最为深厚的区域,特别是三线建设形成了大量以军工企业为代表的科技资源,当前交通条件、人居环境、经济水平等软硬环境的大幅改善,为历史积淀资源得到"爆破式"激活创造了条件。随着国家创新驱动战略的深入实施,"大众创业,万众创新"、科技体制改革、推进军民融合发展等政策措施密集出

台。如四川以"成德绵"为重点深入推进全国全面创新改革试验区建设，有效激活历史积淀形成的创新资源，释放出大量创新改革红利，显著提升了成都在全国区域创新格局中的地位。

第三章　区域创新模式：探索与发展

区域创新模式，即一个地区基于要素禀赋和产业基础，利用外部资源，抓住创新机遇，优化创新布局，实现创新驱动的方法或范式。因此，区域创新模式既符合创新的一般规律，又符合区域经济发展的基本特点。

创新活动是各个创新主体在创新平台上通过互动循环而展开的，依据285个创新元开展创新活动的方式不同，大致可以分为7种主要的区域创新模式（见表2-19）。

表 2-19　中国区域创新模式概览

序号	创新模式	创新主体	典型区域
1	企业自主模式	企业	温州市、十堰市等
2	政府主导模式	政府	贵阳市、南宁市等
3	科研引领模式	科研机构（含高校）	西安市、武汉市等
4	中介搭桥模式	中介机构	大部分创新资源匮乏地区
5	园区支撑模式	高新园区	苏州市、宁波市、厦门市等
6	网络协同模式	企业	深圳市、杭州市等
7	军民融合模式	企业	成德绵经济带等

一、企业自主模式

企业自主模式是指企业在区域创新体系中处于核心位置，主要体现在企业科研投入在区域创新总投入中占据较大份额。企业的自主性体现在它是区域创新资金的使用者、创新风险的承担者、创新成果的转化者和创新利润的分配者。政府主要负责提供政策保障，科研机构（含高校）提供智力支撑，金融、科研中介等则提供资金、技术交易等服务。这些主体共同构成了完整的区域创新体系，各自发挥着不同的功能，共同支撑着以企业为核心的区域创新模式的有效运行。

企业自主模式主要呈现两大特征：（1）产业集聚。浙江、江苏、广东等沿海发达地区在区域内形成了板块经济或特色产业集群，其引致形成的激烈市场竞争或产业链配套需求，倒逼企业主动配置创新资源，用创新活动来保持和赢得竞争力。（2）大企业带动。四川、湖北、陕西等中西部内陆地区则主要由大企业带动区域内创新活动。由于历史原因，在这些内陆地区形成了一些围绕特定大型央企或国企的产业集群或产业链，如四川攀枝花的钢铁钒钛产业、湖北十堰的汽车产业、陕西汉中的飞机产业等。这些地区内的核心企业拥有强劲的科研实力和资金实力，从而吸引各类创新资源要素向区域内流动和聚集，形成了相对完善的区域创新体系，推动着区域内创新能力的提升和经济的发展。

专栏 2-1　温州市：大力培育创新型企业

进入 21 世纪以来，随着国家对自主创新战略的重视，为了克服民企"低、小、散"造成产业升级艰难的困境，温州一改以往小商品大市场发展当地经济的模式，充分挖掘与生俱来的创新精神与基因，大力培育创新型企业，初步走出了具有温州特色的经济转型与创新经济发展之路。其创新特色主要体现在：①企业成为区域创新主体。2015 年，温州市规模以上工业企业 R&D 经费投入达 76.6 亿元，占全市 R&D 经费投入总量的97%；全市新增高新技术企业 133 家，累计达到 830 家；新增省科技型中小企业 820 家，累计达到 2652 家，居全省第三位。企业成为区域创新的主体，区域创新能力和竞争力大为提高。②国家创新型产业集群初具规模。温州激光与光电产业集群于 2013 年成为首批十大国家创新型产业集群试点。2015 年年末，全市激光与光电及部分应用企业 142 家，其中高新技术企业 96 家，实现营业收入超过 400 亿元，培育巨一集团、华联机械、伟明环保等激光与光电技术应用示范企业 5 家,新增激光与光电技术创新载体 2 家。

资料来源:国家科技部(www.most.gov.cn)等。

二、政府主导模式

政府主导模式主要体现为政府处于区域创新体系的绝对核心地位,发挥着配置资源、组织企业、科研机构和中介机构等作用。这一创新模式主要以贵州、昆明、乌鲁木齐等西部地区为典型代表。

大多采用政府主导模式的区域,通常科技资源和创新能力相对较弱,企业、高等院校和科研机构等创新主体的创新能力也不强,而且创新资源要素相对匮乏,需要政府制定各种激励创新的政策和措施来搭建创新平台、吸引创新资源、开展创新活动和分配创新收益,从而推动区域创新能力的提升和创新驱动战略的探索与实践。

专栏 2-2　贵阳市:积极推进"国家大数据综合试验区"建设

2015 年 9 月,贵阳国家级高新区获批"国家大数据综合试验区",并在政府主导下如火如荼地开启了建设进程。2016 年,高新区新增大数据及关联企业 1182 家,累计达到 2669 家,大数据及关联企业实现营业收入 401 亿元。为抢抓机遇,贵阳市成立了大数据发展局,出台了大数据技术创新十条、大数据十百千万培育工程等一系列优惠措施。高新区还通过政府统建和民建官助等多种合作模式,依托区内企业建成贵州大数据产业孵化器、生物医药创新孵化平台等 19 家科技企业孵化器和 1 家企业加速器;搭建省部共建"中国贵阳留学人员创业园"平台,累计孵化培育科技企业 1100 余家,孵化毕业企业 200 余家。

资料来源:多彩贵州网,2017 年 1 月 12 日。

三、科研引领模式

科研引领模式主要指科研机构和高等院校成为区域创新资源配置的重要枢纽和创新发展的主要牵动力。科研机构和高等院校根据市场对创新的需求和政府对创新驱动战略的宏观调控引导，联合区域内其他创新主体，以科技合作开发为重点，进行科技攻关，并将新的科技成果迅速转化为实际生产力。在一些科技资源丰富、科研人才聚集的区域，通常会形成这种区域创新模式，如我国的武汉、西安、酒泉等地区。

通常来说，科研引领模式主要以两种类型出现：（1）工程研究中心型。一些具有科研优势的高校或科研机构，在政府宏观政策的指引下，根据相关的产业发展需求，联合企业和政府相关部门，成立国家级或省部级的"工程研究中心"。截至2015年年底，我国一共有239个国家工程中心，共转化科技成果14767项，为提升我国自主创新能力、实现创新驱动战略作出了重大贡献。（2）合作科技开发型。科研机构和高等院校在运行过程中出于自身科研发展的需求，主动与企业开展产学研合作，从而形成科技联合开发模式。

专栏2-3　西安市：依托高存量科技资源促进科技成果生产和转化

西安市高校、大型科研院所、国防科研机构等科技资源富集，综合科技实力较强，因而科技成果生产和转化能力较为出色。2015年，西安市普通高等学校63所，民办高等学校16所，科研单位和高等院校R&D经费内部支出占全市全部R&D经费内部支出的64.3%。11家大型军工集团中有8家在高新区投资布局，涉及军工电子、船舶、航空、航天、兵器和核工业等领域，各类军转民、民进军企业达298家。全市认定的高新技术企业达1215个，高新技术产业增加值占GDP的14.5%。

资料来源：《西安统计年鉴（2016）》《西安市2016年政府工作报告》等。

四、中介搭桥模式

中介搭桥模式指的是中介机构在区域创新体系中起桥梁作用,对创新资源配置有关键影响,负责完成区域内的创新活动开展、创新成果的交易、扩散以及创新供求双方的联系等。

我国大部分创新主体发育不足的地级市都属于"中介搭桥模式"。这些地区依托科技中介机构,架设起企业与政府、科研、教育、金融等其他创新主体之间的桥梁,从而促进科技研发与经济发展之间的紧密结合。在这种区域创新模式下,科技中介机构在区域创新网络中的作用主要有以下方面:(1)占据创新网络结构洞,弥补创新网络存在的结构性缺陷;(2)在各个创新主体之间搭建桥梁,促进区域内各类创新资源的优化配置;(3)承担创新网络内的信息收集和扩散的角色,从而提高区域内创新效率,降低创新风险;(4)通过占据网络结构洞的优势,从而规范和引导区域内各个创新主体的创新行为。

专栏2-4　天水市:大力强化生产力促进中心的服务能力

近年来,天水市不断提升生产力促进中心的服务能力,有力地促进了科技成果转化。2015年年末,天水市共有生产力促进中心9家,其中国家级示范生产力中心2家,省级骨干生产力促进中心1家。天水市生产力促进中心2003年被科技部认定为"国家级示范生产力促进中心",该市还于2012年、2015年两次获得"生产力促进(发展成就)奖"。全市依托生产力促进中心搭建了电工电器检测试验中心、三维CAD工业设计中心、高新技术转移中心等8个公共服务平台,为中小微企业开展技术咨询、编制可研报告、设计加工线路板、检测产品和信息查询等综合服务。

资料来源:《天水市2016年政府工作报告》、天水生产力促进中心网站等。

五、园区支撑模式

园区支撑模式主要是以各类高新技术产业园区为主导,通过园区的平台服务和产业集聚优势,吸引科研机构、创新企业、科技金融资本、科技中介机构等入驻,从而使园区成为引领区域创新的核心。

根据园区产业技术和资源聚集角度,可以将园区支撑模式分成三种类型:(1)科学城模式。科学城模式通常是由政府出资,集结科研机构和大学,其主要功能是科学研究。这种模式实现了各种科研资源最大限度地共享,有利于各种科学技术的交流和合作,以及各种科研成果的实践转换。如以中国工程物理研究院为核心建立的绵阳科学城。(2)高新技术产业带模式。即在较为广阔或狭长的地带区域,分布若干个相对实力较强的科研机构、工业园区和企业群。如陕西关中带,以西安为中心,并包括咸阳、宝鸡、渭南等地的高新技术产业园区和经济技术开发区等。(3)科技工业园模式。科技工业园是一种新型的产城融合发展模式,其以完善的基础设施和政策优惠,吸引那些以技术为基础的企业、科研机构和中介机构,形成高新技术科研基地和产品生产的基地。如苏州国际科技园。

专栏2-5 苏州工业园:打造创新生态圈

苏州工业园是中国与新加坡两国政府合作项目,早在1994年国务院批复开发建设以来,就积极探索创新发展之路,到"十二五",基本形成了"集聚一流创新要素、营造一流创新环境、实现一流创新产出"的创新发展态势。园区通过同时强化"园区智造"和"园区服务",打造创新生态圈。出台"金鸡湖双百人才计划",激励创新人才;成立中小企业服务中心,对接企业需求;建立"国家级境外投资服务示范平台"为园区内走出去的国内企业提供一站式服务;实施"高效信息感知和智慧应用体系建设",率先实行全系统智慧城市建设模式。2015年9月30日,国务院批复苏州工业园区开展开放创新综合试验,苏州工业园将开启自身"升级换代"的新征程,并为全国其他开发区未来发展探路。

资料来源:新华网江苏频道,2016年3月21日。

六、网络协同模式

网络协同模式是创新质量高、创新能力强的一种高级区域创新模式,政产学研用等创新主体之间形成了良性互动循环关系。在这一模式中,区域创新主体之间形成了紧密连接的网络关系,创新活动成为一项系统工程,生产、学习、科学研究、实践运用各个子系统耦合在一起,产生了"1+1>2"的协同效应。我国的深圳、杭州等城市是这一模式的典型代表。

在网络协同模式中,政府是创新网络的搭建者和维护者,通过出台各种人力资源政策、创新激励政策、各类主体的协调政策、创新活动的监管政策等,为区域内的创新活动提供良好的创新生态环境和市场竞争秩序。企业则是协同创新的关键主体,通过凝聚区域内各类创新资源,将各类科研成果迅速转化为产业优势并投入市场。高等院校和科研机构则是区域内创新成果的生产者和提供者,高校负责原始创新,而科研机构则主要偏向于将原始创新转化为可供企业实际采用的创新性技术、工艺和产品。风险资本则是区域创新活动的催化剂,风险资本一方面为高校和科研机构的创新活动提供风险投资资金;另一方面又为企业的工艺改进和新产品投产提供资金支持。中介机构则是区域创新活动的联结者,一方面将行业内的最新创新需求信息传递给高校和科研机构;另一方面将高校和科研机构的最新研究成果扩散给企业。总之,在这一模式中,各个创新主体各司其职,彼此之间互动循环,推动着区域创新能力的提升和区域经济的发展。

专栏2-6 深圳市:推动政产学研用良性互动

创新一直都是深圳发展的不竭动力。从2015年我国地级市的区域创新表现来看,深圳是国内为数不多的大致形成了网络协同区域创新模式的城市。深圳建立了以企业研发为核心的区域创新体系,同时政府、科研机构、中介机构和科技金融体系与企业形成了良好互动局面,从而使深圳成为全国地级市创新标兵,遥遥领先于其他城市。2014年,深圳国内专利申请数为82253件,其中发明专利申请31077件;国内专利授权53687件,其中发明专利授权12040件。每万人发明专利拥有量达到了65.75件,约为全国平均水平(4.9件)的13.4倍。

资料来源:《深圳统计年鉴(2015)》等。

七、军民融合模式

军民融合模式是指利用军工先进技术支持民用经济,同时也推动军工企业产品的民用化,实现优势互补和较好的经济效益,通过军民融合,从而达到充分利用区域创新资源的目的。军民融合有两种途径:(1)军转民,即促进军品企业和科研机构参与民用产品的研发与制造;(2)民参军,即鼓励民用产品的研发机构和企业参与到军用产品的研发与制造。

军民融合模式主要出现在两类地区:一是军工企业较多的地区,如成德绵创新经济带。这类地区集聚了大量的军工科技人才和资源,在和平时期,形成了创新资源的浪费和冗余,因而需要积极引导这些创新要素投入到民用产品的研发与生产中。二是民用产品生产研发企业创新能力特别强的地区,如长三角、珠三角地区。这类地区民用产品生产研发企业由于在激烈的竞争压力下,通过长期积累在某一领域形成了独特的高精尖技术能力和资源,有能力参与我国国防事业建设。

专栏2-7 成德绵:军民融合带动区域协同创新

2016年6月24日,《四川省系统推进全面创新改革试验方案》获得国务院批复,标志着四川全面创新改革正式进入实施阶段,以成都、德阳、绵阳为代表的先行先试核心区域被赋予了加速军民深度融合发展这一最鲜明的试验任务。"军转民"动力不足、"民参军"障碍明显是成德绵面临的共同掣肘,为此三地在全面创新区获批后探索了各自的路径。①成都路径:加强规划和政策引导作用。制订了军民融合"十三五"规划,出台了科技协同创新10条,积极推进高校和院所科技成果"三权"(使用权、处置权和收益权)改革。②德阳路径:做强产业联盟。成立了军民深度融合发展领导小组,引导建立了航空产业、高端设备、新材料、生物医药、核技术应用五大军民融合发展产业联盟,主动寻求与成都、绵阳两地军工企业合作,为其提供专业产品配套。③绵阳路径:强化平台建设。成立了四川省军民融合研究院,发起组建了四川军民融合高技术产业联盟,组建了3个军民融合金融服务中心,设立了全国唯一、规模20亿元的军民融合成果转化基金。

资料来源:《四川日报》2016年7月8日。

第四章　区域创新之忧：障碍与掣肘

目前，我国区域创新体系日益完善，创新元对加快区域经济发展、推进供给侧结构性改革、建设创新型国家，发挥了重要支撑作用。但也应看到，随着区域创新实践的不断推进，一些深层次问题逐渐凸显出来，成为阻碍创新的掣肘。

一、创新领域同质竞争

我国区域协同创新水平较低，行政区域间制定创新战略时各自为政、不通有无，创新领域同质化竞争现象比较严重。一是区域创新产业结构趋同。一些地区盲目追求"高""新""尖"产业，"跟风现象"和"羊群效应"明显，部分地区即便不具备相应条件，也将新材料、高端装备制造、电子信息等产业作为本地重点培育的战略性新兴产业，造成区域间创新产业趋同现象严重。二是创新载体服务主题雷同。各地区较热衷建设各类科技企业孵化器、产业技术创新联盟、工程技术中心、公共技术服务平台等，相邻创新元之间创新载体相互模仿性竞争特征尤为明显，不注重创新载体服务主题的差异化发展，服务主题和服务对象雷同现象突出。三是区域创新政策竞争过度。近年来，我国各地出台了大量鼓励创新创业的相关政策，但不少地方存在简单比拼优惠政策的"非理性竞争"苗头，政策针对性不强、绩效不高，很难保持持续性。

二、创新要素惰性沉淀

我国大多数地级市均存在投入创新要素匮乏与沉淀并存的问题。一是创新主体活力激发不足。部分地方政府创新发展意识不够,真正投入创新的资源要素不多;部分科研院所、高等院校受制于体制机制障碍,基础性、原始性研发积极性不高;科研人才研发环境较差,创新潜能没有充分激发;企业家对未知领域创新预期的信心不足,推动创新积极性、主动性不强,不愿第一个"吃螃蟹"。二是创新平台资源闲置严重。大多数创新元培育发展了孵化园、创意产业园区、公共科技平台等创新资源平台载体,创新"硬件"条件上升到一定水平;但在各类创新平台内部,创新最为关键的核心要素——创新型人才缺乏,导致区域创新平台资源闲置、创新要素浪费严重。三是创新成果转化率低下。主要表现为区域创新与优势产业发展不匹配、科技创新与产业发展脱钩、科技创新成果转化困难、产学研不协调等。

三、创新资源共享困难

现阶段,我国已经拥有大量优质创新资源要素,但却很难在区域间及创新主体间实现共享共用。一是地区间创新资源共享难。虽然各地区不断推动开放合作发展,推动创新要素共享,但地方政府为了保护本地利益,总是倾向于将创新链的关键环节留在本地,阻碍创新要素跨区域流动。二是政府和社会间创新资源共享难。政府和社会之间沟通渠道相对较少,沟通方式不够多,沟通程序机械,造成政府和社会间创新资源共享难。政府投资建立的工程中心、大型实验室等平台不能很好地被社会创新组织享用,政府掌握的创新大数据和创新成果很难与社会创新组织分享。三是企业之间创新资源共享难。由于涉及商业秘密、商业利益、专利保护等,在没有形成较为科学合理的利益分享模式情况下,企业之间创新资源共享进展缓慢。

四、创新跟随现象突出

近年来，我国区域创新正从"全面跟随"，逐渐进入"跟随""并行"和"局部领跑"并存的状态，"引进、消化、吸收、再创新"特征明显。一是国内跟随模仿国外创新。除东部地区局部区域外，国内主要行业、重点产业跟随模仿国外创新现象仍然突出。二是中西部跟随模仿东部创新。中西部区域原发性创新动能不足、自主创新能力弱，区域产业协同创新能力不强，跨区域跟随创新特征明显。三是创新元间相互简单跟随模仿。区域创新产品相互简单跟随模仿，"跟随式"创新也占用较多创新资源和创新市场，压缩原始创新、自主创新活动的"存活空间"，使我国创新活动创造的有效产品和服务大为减少。

五、创新生态发育不足

从全国主要创新元层面看，有利于形成良性创新生态环境的制度体系仍然不完善，缺乏系统性、科学性和有效性。一是科研机构管理体制改革滞后。创新成果转化机制不畅，科研创新活动开展制度性、人为性"障碍"仍然较多。二是创新型人才成长机制不健全。人才引进机制不健全，各创新元很难吸引和留住优秀创新人才，尤其是高端优秀创新人才。人才培育成长机制不完善，尽管部分区域能短期"留住"创新人才，但很难为其提供良好的发展和成长空间，造成优秀创新人才资源的浪费。三是科技金融产品供给不足。抵御科技创新风险的金融产品少、服务内容不丰富，金融支撑创新的作用不突出，极大地降低了中小企业应对创新活动风险的能力，对于实力弱、创新资源缺乏、投入不足的中小企业等更是雪上加霜。四是创新文化氛围不浓。尊重知识、尊重人才、尊重"冒险性"企业家精神的氛围还不浓郁，鼓励创新、注重合作、宽容失败的文化氛围还未完全形成，严重制约了区域创新活动的有效开展。

第五章　区域创新之策：调整与应对

当前,中国区域创新呈现新形势新变化新特点,应以提升副省级和地级市创新水平为重点,积极调整和出台一系列配套政策,确保区域创新持续保持活力和生机。

一、推动共生性错位创新

进一步明确各地区区域创新功能定位,强化分工与协作,构建小核心、大协作的互为支持的共生性区域创新系统。一是推动创新高地主导产业的差异发展。各地区应结合经济状况、地理位置、产业布局、文化历史等条件,有侧重地进行产业结构调整和创新配置优化,以主导产业差异化带动创新高地错位发展,弱化区域间对创新要素的低层次竞争。二是强化区域创新系统内的空间关联。打破行政壁垒,加强区域创新腹地对区域创新高地先进技术、高层次人才、管理经验和资金等要素资源空间溢出效应的吸收利用,逐步形成多个具有地域特色的区域创新子系统。三是加强区域创新子系统间的产业链协同。增强区域间产业链上的纵向联系,以协同创新实现各地区价值链、企业链、供需链和空间链的错位发展。

二、培育跃动性创新要素

发挥市场在推动区域创新中的决定性作用,提高创新要素的跃动性,实现创新要素的循环流动和开放整合。一是实现政府柔性治理。避免政府对区域创新的直接干预,更多地通过科技金融、税收优惠等政策引导、支持和服务企业创新和高校、科研机构开展研究活动,推动创新政策体系逐步由供给导向型向需求导向型和环境支持型转变,促进顶层设计与基层探索的良性互动。二是弘扬企业家精神。以自由宽松的市场环境调动企业家的积极性、主动性、创造性,鼓励通过资源聚焦的方式培育区域性"明星企业家"创新领军人,发挥企业家的引领带动作用。三是激发科研人才创新活力。加大成果处置、收益分配、股权激励、人才流动、兼职兼薪等政策的地方落实力度,鼓励科研院所、高校的科技人员以高新技术成果出资入股,通过创办或合办科技型"衍生"企业获得应有荣誉和回报,培育科研人员"工匠精神",增强科技人员的持久创造力。四是进一步提高开放合作水平。开放体系才有活力,封闭体系必然走向死亡,各地应以海纳百川、求贤若渴的气度,引进国内外优秀的科技型企业和人才,发挥"鲇鱼效应"。

三、优化交互型创新平台

鼓励地方搭建创新平台,发展平台经济新业态,推动平台经济与区域创新交互发展,获得并巩固竞争优势。一是完善科技成果转化平台。加强产学研协同,积极构建科技成果转移转化的桥梁、通道,接续创新链条,创新产学研合作模式,搭建共性技术协同创新平台,形成协作互动的企业技术创新网络。二是用活互联网新平台。利用互联网等新平台、新模式,结合地方产业优势,积极建立"互联网+"创新服务平台,推进信息互通与跨部门协同平台、商务公共服务云平台、军民融合公共服务平台的建设,打造集技术交易、创新服务、科技中介、成果展示等多功能合一的具有地方特色的立体化区域创新平台。三是搭建创新成果分享平台。加快搭建行业协会、技术联盟、创新论坛和研讨会议等创新要素交流的中介平台和载体,为创新主体之间提供深入交流的机会,加快推动跨区域、跨行业信息互通共享,促进缄默知识分享。

四、营造友好型创新生态

发挥政府对区域创新的服务和支撑功能,通过全面深化改革,营造优越的软硬环境,打造创新改革的良好生态。一是落实科技创新简政放权。加快推进地方科技领域简政放权、放管结合、优化服务改革,推行科研管理清单制度,赋予科研院所和高校更多的科研自主权,赋予创新领军人才更大的人、财、物支配权,使地方区域创新生态更加宽松、方便、简约、有效。二是构建知识产权保护体系。各地方应积极争取纳入知识产权综合管理改革试点,进一步健全知识产权保护制度,构建知识产权创造、保护、运用体系,扎实开展知识产权保护宣传,发挥知识产权保护对区域创新的正向激励作用。三是大力营造创新文化和氛围。努力营造支持创新、追求卓越、宽容失败的文化氛围,发挥新旧媒体作用,树立"平民(草根)创新榜样",加大媒体正面报道强度。加强挫折教育,推进"失败学"的研究,建立失败知识数据库,收集创新中的失败案例。

五、鼓励引领式自主创新

提升原始创新能力,鼓励引进消化吸收和再创新,以引领式创新推动区域创新供给侧结构性改革。一是引导科研机构自主式创新。以科研机构为突破,选取具有良好学术传统和科研实力的重点科研机构,试点实施基础研究和原始创新战略,充分发挥科研院所和高校自主创新主力军作用。二是倡导企业前瞻式创新。引导各企业以全球视野把握时代脉搏、瞄准世界科技前沿,紧扣经济社会需求,不断提高原始创新、集成创新和引进消化吸收再创新能力,在战略必争领域前瞻部署、超前研究。三是制定引领式创新政策体系。设立原始性创新支持和奖励专项资金池,建立政策性风投机制,在政策上和资金上向具有自主知识产权的科研人员、企业倾斜,鼓励从事基础研究和原始创新的科研人员潜心研究。

六、引导普惠式共享创新

　　普惠各类创新人才，形成覆盖创新人才成长全链条政策体系，推进万众创新、共创共享。一是激发普通民众的创造潜力。各地方既要支持和鼓励专业人才在创新上不断突破，也要激发普通民众的创造潜力，要不拘一格用好各方面创新人才，集众智、汇众力，鼓励普通群众创新创业，让人人都能获得参与创新的机会，提高社会创新效率。二是实施普惠式创新政策。推进创新政策由选择性支持向税收、金融等普惠性支持转变，制定满足草根创业者等创新弱势群体需求的科技创新惠民政策，弥补创新要素"择优"机制难以惠及弱势群体的缺陷，使人人都能从创新支持中受益，促进区域创新整体水平的提升。三是开发民生性创新产品。各地方应适当调整创新产业导向，在以企业为重点推动高精尖产业创新的同时，还要根据医疗、环保、教育等民生发展需求进行研究开发，生产满足多层次消费需求的民生性创新产品，扩大创新成效受众面。

第三部分

中国区域创新指数报告（2017）

研究团队名单

项目顾问

李后强　四川省社会科学院党委书记、教授

　　　　创新与发展战略研究中心名誉主任

张志强　中国科学院成都文献情报中心主任、研究员

项目负责

郭晓鸣　四川省社会科学院副院长、研究员

　　　　创新与发展战略研究中心主任

项目执行

廖祖君　四川省社会科学院区域经济与城市发展研究所所长、研究员

　　　　创新与发展战略研究中心秘书长

廖冲绪　四川省社会科学院科研处处长、副研究员

项目组成员（按姓氏笔画排名）

冉　敏、刘　伟、刘　静、肖华堂、张　霞、周小娟、高　洁

创新再加速　领航新时代

2017 年,党的十九大隆重召开,向世界宣告我国社会主义建设已迈入新时代。彼时,经济高速发展,与政治、社会、文化、生态文明之间动态互动、此消彼长,五大建设领域螺旋式进步;此刻,发展不平衡不充分,特别是创新驱动不足,全面建成小康社会目标仍面临"短板"制约,更需精耕细作。由创新驱动的全面均衡发展,不仅是历史的选择,更是大势所趋。由此,我国创新新时代的大幕正在全面开启。

创新新时代,我国创新驱动和区域协调两大发展战略紧密结合的需求更加迫切;创新新时代,我国形成由点及线、由线连网、网网协同、多点多极发展创新格局的需求更加迫切;创新新时代,我国构建创新要素有机配置、创新主体能动激活、创新平台高效搭建、创新空间有序叠加、创新区域均衡协同的动态创新系统的需求更加迫切。这些构成新时代区域创新的新使命,亟待寻求新突破、回应新变化。

笔者认为,副省级市和地级市是区域创新体系的基本单元,在区域创新生命体中类似于人体的"神经元",我们创造性地将其定义为"创新元"①。三年以来,《中国区域创新指数报告》始终坚持将"创新元"作为区域创新评价视阈的逻辑起点。"创新元"将是回应新时代创新新使命的重要突破口和绝佳载体。

基于此,2017 年度区域创新指数报告从迈入新时代、回应新使命的

---

① 《中国区域创新指数报告(2016)》将创新元定义为:在集聚创新资源、串联创新网络、推进技术创新和管理创新、提升区域竞争力方面具有极为重要作用的区域集合,在我国主要为副省级市与地级市。

角度，呈现如下特征：

宏观与微观统一。以"创新元"为对象进行区域创新水平评价，视角当兼顾宏观评价与微观求索。不仅试图深刻揭示区域创新发展的纵向深度与横向广度，更力图通联呈现区域创新宏观政策、制度、环境与微观鲜活、生动实践之间的互动关联线索与有机统一路径。

时间与空间统一。探寻、提炼以"创新元"为单元的区域创新规律，观察维度当兼顾纵向变迁与横面结构。研究视阈上，既关注时间上的动态变迁、演化规律、发展轨迹，又关注空间上的横面分布、结构特征、发展分化，这是我们从 19 个指标、286 个创新元、成千上万条数据中，抽离年度区域发展内在规律、升华知识的重要工具。

理论与经验统一。基于"创新元"的区域创新评价，不能只关注创新活动本身，而是始终坚持运用多学科的理论和工具去分析创新行为，始终坚持分地区和战略区域对创新水平进行研判，始终坚持从促进区域合作和协同发展出发谋划区域创新策略，实现理论与经验的统一，令区域创新评价更规律、更落地、更客观、更具现实指导意义。

量化与质性统一。以量化与质性相结合的方式拓展研究内容。2017年，我们既努力从量化的理性视角深刻揭示区域创新的结构机理与演化规律，又努力从质性的知识视角呈现区域创新的行动经验与鲜活案例。通过量化与质性相统一，尽可能多地为读者呈现丰富的区域创新结构与行动的知识内涵。

第一章　区域创新态势:新时代与新使命

　　习近平总书记在党的十九大报告中系统总结了党的十八大以来我国创新发展取得的巨大成就,强调创新是"引领发展的第一动力,是建设现代化经济体系的战略支撑"。新时代,创新对区域协调发展的作用更加凸显,区域创新亟待再加速。

一、创新格局从"争相进步"到"梯度发展"

　　在区域创新的初始阶段,我国各大区域基于国家创新驱动发展战略,立足自身经济社会发展现实,营造创新环境、吸引资本流入、集聚科技人才,呈现首位城市带动创新、周边城市跟随创新的"百舸争流"态势。尽管部分区域优势明显,但总体上各大区域的创新差别呈现动态的争相进步之势。创新新时代,随着各大区域创新水平的持续提升,区域创新发展不平衡、不充分的态势逐渐显现,呈现出较为明显的阶梯固化特征。具体表现为:部分区域尤其是长三角、京津冀、珠三角等地区的创新环境、创新投入、创新产出,始终全面居于高位,区域内新技术或新知识的产生、流动、更新和转化态势更为活跃;而部分区域则无法摆脱创新能力低下的困境。

二、创新面向从"单域科技"到"全域立体"

　　在党的十九大报告中,习近平总书记指明了新时代创新型国家的建设路径,将创新领域扩展到理论创新、实践创新、制度创新、文化创新以及其他各方面创新。

追溯过往,尽管国家层面在大力倡导全面创新,但地方实践中,往往将创新工程更多聚焦在科技研发这一单一领域。创新新时代,区域创新正从关注科技创新为主,走向更加关注全面、立体的全域创新。尤其特别注重从体制机制改革入手推动全域创新,在继续完善技术创新体系的同时,倡导"有形"与"无形"创新相结合,重点促进科技创新、产品创新、文化创新、管理创新,加快形成全域立体的创新格局。

三、创新系统从"静态闭合"到"开放整合"

创新新时代,创新要素的跨区域流动趋势增强,创新形态在时序与空间上由静态向动态转向的诉求增强。创新要素并不局限于特定区域范围,而是通过多种方式在创新载体间流动。创新主体及要素亟待打破以往限制流动的做法,形成区域间乃至国际间整合创新要素的动态机制。以构建创新生态系统的方式,系统化地整合科研生态、人才生态、创新产业链生态、金融生态和全球化资源配置生态,通过形成创新生态系统,适应和满足创新主体及要素的跨区域流动需求。例如,深圳市积极推动"深港创新圈"纳入国家战略,面向全球范围集聚配置创新资源,加快融入全球创新网络体系,联手打造世界级的创新中心[①],短期内较好地实现了创新要素的全球开放整合。

四、创新路径从"个体突破"到"平台集群"

在区域创新的初始阶段,创新发展缺乏平台,创新集群化发展模式尚不普遍,一个地区的各创新主体如政府、企业、高校、科研机构等,往往深

---

① 国务院发展研究中心"国家高新区政策绩效评估与发展转型研究"课题组:《区域创新生态体系建设的探索与思考》,《中国经济时报》2014 年 9 月 11 日。

嵌在各自的创新评价体系中内部循环、"各自为政"，个体创新依然是创新发展的基本形态。创新新时代，创新要素能否整合集聚，将是打破科技与经济不协调、"两张皮"现象，从而激活转化为现实生产力的关键，也是区域创新的归结点。因此，整合多方主体力量，建立区域性创新平台，促进产业集群发展，将是引进科技人才、科技成果、科技信息等创新要素的核心载体。而创新平台则将令创新资源整合、融合、引导、跨界等功能得到最充分的发挥，为需求者提供更为丰富的创新资源和全面的创新服务。

五、创新动能从"政府主导"到"多元激活"

以往政府在区域创新过程中起"保姆式"主导作用，创新动能主要来自政府的培育与引导，这令各地创新水平在区域创新初期得以快速进步和大步发展；但同时令政府以外的各创新主体的内生动能明显不足。创新新时代，各创新主体的内生动能亟待激活。一方面，政府在区域创新中的主导作用已逐渐转化为包括政府在内的多方合作机制，政府转变为沟通联合其他社会参与方共同推进区域创新的枢纽角色。另一方面，"政产学研用"协同创新成为创新发展的主要趋势，更是未来引领新旧发展动能转换的主要路径，它通过对各类主体赋权、增能等方式，有效激发多元主体的创新动能，使其主动性、积极性大大增强，从而形成多方参与的区域创新新格局。

第二章 区域创新指数:排行与特征

创新元是中国区域创新体系的基本单元,对创新元的创新水平进行客观评价,能够更加深入、真实地勾勒出我国区域创新的进程、变化与走势。本书在对 2017 年度我国区域创新指数进行总体评价分析的基础上,分地区、战略区域进行多维度评价。

一、全国总体排名

以 286① 个创新元为评价对象,通过构建创新综合指数展现全国区域创新的总体态势与变化特征。进一步地,分别拟合创新环境指数、创新投入指数和创新产出指数,分项分析环境、投入、产出对区域创新的影响。

(一) 创新综合指数

2017 年度全国区域创新综合指数均值为 67.28,有 88 个创新元得分高于平均值,排名前 30 位的创新元见表 3-1。

排名前 30 位的创新元总体相对稳定,但内部位次变化明显,各创新元"你追我赶"的局面基本形成。与 2016 年度相比,在前 30 名排位中,南京、东莞、珠海等 15 个创新元位次有所提升,其中湖州、绵阳、贵阳和沈阳

---

① 2015 年年底,全国副省级市与地级城市共计 291 个,海南省新设儋州市、新疆维吾尔自治区新设吐鲁番市,以及西藏自治区新设林芝市。综合考虑创新元创新影响力、数据可获得性等因素,2017 年度将海南省新设立的儋州市纳入区域创新指数评价对象范畴,但仍未将 2014 年、2015 年新设地级市作为评价对象,因此 2017 年度报告最终对全国 286 个创新元进行评价。

4个创新元新上榜;深圳、苏州、杭州、成都和金华5个创新元的位次与
2016年相同;广州、常州、佛山等10个创新元位次有所下降。

表3-1　全国区域创新综合指数前30位创新元

排名	地区名称	指数值	排位变化	排名	地区名称	指数值	排位变化
1	深圳	89.43	—	16	常州	81.34	↓
2	苏州	88.67	—	17	郑州	81.01	↑
3	南京	87.69	↑	18	合肥	80.91	↑
4	广州	87.22	↓	19	佛山	80.71	↓
5	杭州	86.99	—	20	青岛	80.27	↓
6	东莞	86.57	↑	21	湖州	80.10	↑
7	成都	84.81	—	22	金华	79.92	—
8	珠海	84.76	↑	23	绍兴	79.79	↑
9	西安	83.62	↑	24	大连	79.45	↑
10	无锡	83.56	↓	25	长沙	79.23	↑
11	武汉	82.34	↓	26	南昌	79.22	↑
12	厦门	82.32	↑	27	绵阳	79.10	↑
13	中山	82.02	↑	28	济南	78.02	↓
14	嘉兴	81.99	↑	29	贵阳	77.37	↑
15	宁波	81.92	↓	30	沈阳	77.22	↑

　　处于区域创新"第一方阵"(排名前10位)的创新元分别是:深圳、苏州、南京、广州、杭州、东莞、成都、珠海、西安和无锡。深圳创新综合指数连续两年蝉联榜首,是我国区域创新当之无愧的"领头雁"(见图3-1)。

　　西部地区的成都和西安双双进入第一方阵。成都继续保持第7的位次,成为西部名副其实的创新"龙头",在加快建设国家自主创新示范区,全力打造国际创新创业中心,加速推进军民深度融合发展等方面,交出了践行创新驱动战略的成绩单。西安则从2016年度的第12位上升到2017年度的第9位,科技资源优势持续放大,园区、基地和平台承载能力显著

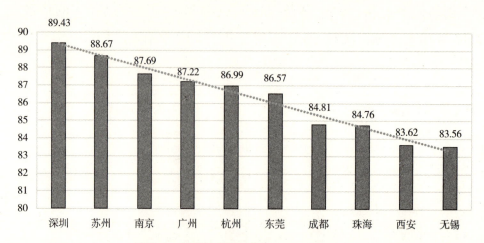

图 3-1　创新综合指数排名 10 位的创新元

增强,已经形成了全链条创新创业服务体系。

中西部区域创新的"荷花池效应"①初现,进入创新综合指数前 30 位的中西部创新元逐渐增多(见表 3-2)。2017 年度进入前 30 位的中西部创新元有 9 个,相较 2015 年度、2016 年度分别增加了 50% 和 13%,中西部地区创新潜力得到进一步释放,逐渐支撑起全国区域创新的整体格局。

表 3-2　2015—2017 年度创新综合指数排名前 30 位的中西部创新元

2015 年度	2016 年度	2017 年度
武汉　成都 西安　长沙 郑州　南昌	成都　武汉 西安　长沙 合肥　郑州 南昌　太原	成都　西安 武汉　郑州 合肥　长沙 南昌　绵阳 贵阳

从创新综合指数排名前 30 位创新元的省域分布来看,主要集中在广东(6 个)、浙江(6 个)、江苏(4 个)、四川(2 个)、山东(2 个)、辽宁(2 个)等 14 个省份(见图 3-2)。广东、浙江和江苏三省创新综合指数排全国前 30 位的创新元个数多达 16 个,超过全国的"半壁江山"。

---

①　"荷花池效应"是一个哲学定律,意指成功需要厚积薄发,需要积累沉淀,就如盛开的荷花,第一天开放的只是一小部分,第二天它们会以前一天的 2 倍速度开放,到了第 30 天,就开满了整个池塘。

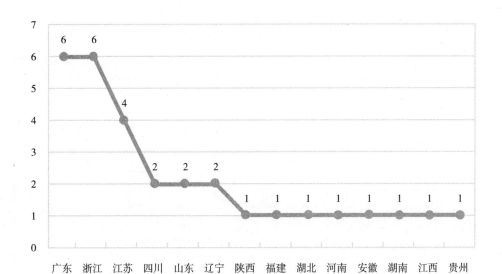

图3-2 创新综合指数排名前30位的创新元所属省份分布

(二) 创新环境指数

创新环境对于能否聚集创新要素、挖掘创新潜能至关重要,体现了对区域创新的支撑水平。创新环境的重要性逐渐得到认可,越来越多的地区将创新环境建设作为增强其创新能力的重要途径,各地区之间在创新环境上的竞争已拉开序幕。2017年度,全国区域创新环境指数均值为66.15,有84个创新元指数高于平均值,深圳、苏州、广州、杭州、南京、东莞、宁波、成都等排名前30位(见表3-3)。与2016年度相比,有14个创新元位次有所提升,其中绍兴、常州、湖州、南通和泉州5地新上榜;广州、成都、金华等11个创新元位次有所下降;深圳、杭州、南京等5个创新元位次未发生变化。创新环境指数排名前10位的创新元依次是:深圳、苏州、广州、杭州、南京、东莞、宁波、成都、嘉兴、珠海(见图3-3)。

表3-3 创新环境指数排名前30位创新元

排名	地区名称	指数值	排位变化	排名	地区名称	指数值	排位变化
1	深圳	87.06	—	16	武汉	78.36	↓
2	苏州	84.25	↑	17	长沙	78.11	↑

续表

排名	地区名称	指数值	排位变化	排名	地区名称	指数值	排位变化
3	广州	83.35	↓	18	青岛	77.84	↓
4	杭州	83.03	—	19	绍兴	77.62	↑
5	南京	82.91	—	20	常州	77.55	↑
6	东莞	82.46	↑	21	大连	77.18	↓
7	宁波	82.35	—	22	湖州	76.43	↑
8	成都	81.39	↓	23	合肥	76.40	↑
9	嘉兴	81.21	↑	24	郑州	76.30	↓
10	珠海	81.16	↑	25	南昌	76.23	↑
11	中山	79.45	↑	26	西安	76.20	↓
12	佛山	79.38	↑	27	南通	74.98	↑
13	厦门	78.73	↓	28	舟山	74.97	↓
14	金华	78.71	↓	29	泉州	73.37	↑
15	无锡	78.53	—	30	福州	72.55	↓

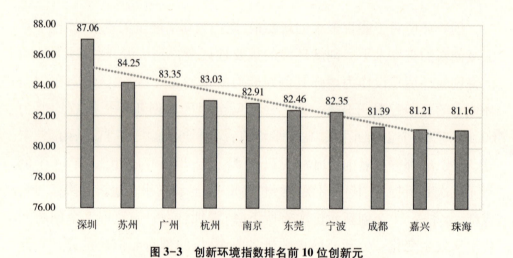

图3-3　创新环境指数排名前10位创新元

（三）创新投入指数

创新投入指数反映创新资源活动所需要素的投入程度。本评价年度创新投入指数均值为68.72，有106个创新元指数高于平均值，排名前30位的创新元见表3-4。创新投入指数排名前10位的创新元依次是：深圳、西安、苏州、广州、南京、东莞、杭州、绵阳、合肥和武汉(见图3-4)。

与2016年度相比,创新投入指数差距缩小。从进入前30位的创新元变化来看,有22个创新元位次有所提升,其中,9个创新元是新上榜,分别是湖州、绍兴、青岛、嘉兴、沈阳、无锡、金华、大连和佛山;有6个创新元位次有所下降;仅有深圳、宁波的位次没有发生变化。

表3-4　创新投入指数排名前30位创新元

排名	地区名称	指数值	排位变化	排名	地区名称	指数值	排位变化
1	深圳	93.11	—	16	成都	81.94	↑
2	西安	89.78	↑	17	湖州	80.99	↑
3	苏州	89.65	↑	18	绍兴	80.59	↑
4	广州	88.53	↑	19	青岛	80.07	↑
5	南京	88.02	↓	20	厦门	80.05	↓
6	东莞	87.93	↑	21	嘉兴	79.98	↑
7	杭州	87.91	↑	22	南昌	79.70	↓
8	绵阳	87.90	↑	23	沈阳	78.88	↓
9	合肥	84.62	↑	24	无锡	78.75	↑
10	武汉	83.87	↓	25	金华	78.74	↑
11	珠海	83.73	↓	26	大连	78.58	↑
12	郑州	82.92	↑	27	佛山	78.51	↑
13	中山	82.88	↑	28	宁波	78.30	—
14	长沙	82.64	↑	29	贵阳	78.29	↑
15	常州	82.42	↑	30	济南	78.01	↑

西部地区创新元创新投入指数"强势"进阶。西安从2016年度的第7位上升到第2位,绵阳从第11位上升到第8位,成都从第27位上升到第16位。尤其是绵阳,成为唯一一个西部非省会城市进入创新投入指数前10位的创新元,在创新投入方面表现"抢眼"。以人才投入为例,近5年来,该市累计资助697个人才项目,投入资金达2.3亿元,撬动各类资金投入154.28亿元,为绵阳国家科技城建设和经济社会发展注入了强大的人才活力。

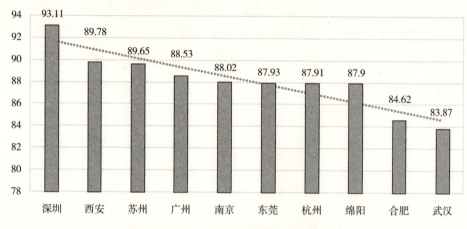

图 3-4 创新投入指数排名前 10 位创新元

（四）创新产出指数

创新产出指数反映区域创新活动的产出及其转换产生的效益。2017年度创新产出指数平均值为 64.49，有 70 个创新元得分高于均值。排名前 30 位的创新元见表 3-5，其中深圳、苏州、南京、无锡、杭州、广州、成都、东莞、珠海和厦门位列前 10，表现出较强的创新产出能力（见图 3-5）。

与 2017 年度相比，创新产出指数变化波动明显。从进入前 30 位的创新元名单变化来看，有 21 个创新元位次有所提升，其中珠海、厦门、嘉兴等 11 个创新元新上榜；广州、宁波、佛山等 5 个创新元位次有所下降；深圳、苏州、杭州和成都的位次没有变化。

表 3-5 创新产出指数排名前 30 位创新元

排名	地区名称	指数值	排位变化	排名	地区名称	指数值	排位变化
1	深圳	90.76	—	16	中山	83.02	↑
2	苏州	90.66	—	17	绵阳	83.00	↑
3	南京	90.27	↑	18	常州	82.93	↑
4	无锡	89.12	↑	19	郑州	82.66	↑
5	杭州	88.76	—	20	济南	82.09	↑
6	广州	88.72	↓	20	青岛	81.77	↓

续表

排名	地区名称	指数值	排位变化	排名	地区名称	指数值	排位变化
7	成都	88.37	—	22	湖州	81.71	↑
8	东莞	88.24	↑	23	合肥	81.46	↑
9	珠海	87.40	↑	24	金华	81.27	↓
10	厦门	85.64	↑	25	大连	81.23	↑
11	西安	84.48	↑	26	南昌	80.69	↑
12	武汉	83.80	↑	27	绍兴	80.59	↑
13	宁波	83.62	↓	28	宝鸡	80.35	↑
14	佛山	83.58	↓	29	惠州	80.23	↑
15	嘉兴	83.56	↑	30	贵阳	80.12	↑

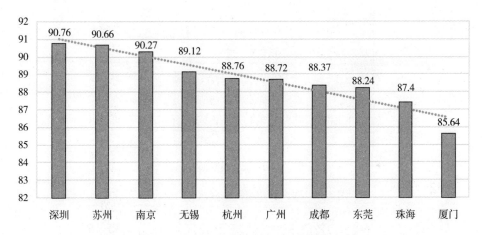

图 3-5　创新产出指数排名前 10 位创新元

二、分地区排名

2017 年度仍以东部、中部、西部及东北四大区域进行分区域评价分析。286 个创新元的空间分布为:东部地区 85 个、中部地区 80 个、西部地区 87 个、东北地区 34 个。

（一）总体格局

区域创新"东部领先、中西部紧追"的格局基本形成,东部与中部差距逐步缩小,但仍然显著,西部和东北部区域创新水平则旗鼓相当。从区域创新综合指数均值来看,东部（71.40）高于全国均值（67.28）,中部（66.67）、西部（64.82）、东北（64.74）低于全国均值（见图3-6）。东部与中部、西部、东北部的差距呈现明显的阶梯状分布,而西部均值则略高于东北均值,处于同一阶梯。

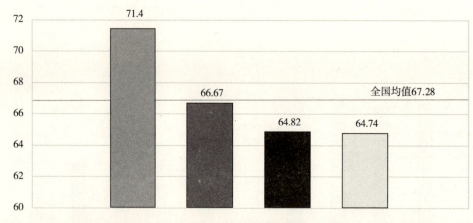

图3-6　四大区域创新综合指数均值比较

从创新综合指数排名前30位创新元的区域分布来看,东部地区创新水平领先优势更加明显,共有20个创新元进入前30位,中部地区创新元主要集中在第11—20位,西部地区进入前30位的创新元个数则超过东北地区（见表3-6）。

表3-6　创新综合指数排名前30位创新元区域分布

	东部	中部	西部	东北
前10位	8	0	2	0
11—20位	7	3	0	0

	东部	中部	西部	东北
21—30 位	5	2	1	2
累计	20	5	3	2

　　从创新环境、创新投入和创新产出三个方面,对四大区域创新进行比较分析可以看到,东部地区三个方面都具有绝对优势,尤其在创新投入方面优势非常明显,这也解释了东部能够持续保持较高创新产出的原因（见图 3-7）。

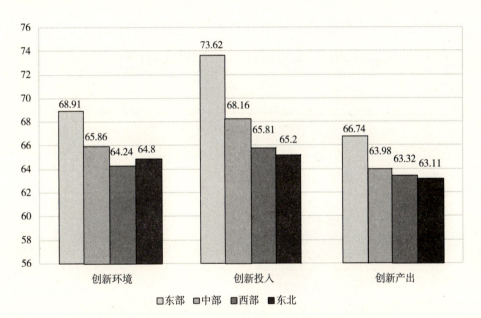

图 3-7　四大区域创新环境、创新投入与创新产出指数对比

（二）东部地区

　　东部地区 84 个创新元创新综合指数均值为 71.40,比全国均值高4.12。东部地区创新综合指数排名前 15 位创新元见表 3-7,深圳、苏州、南京、广州、杭州位列前 5 位。总体来看,珠三角、长三角仍然是东部地区主要创新元的聚集地,是东部及全国创新驱动的"双引擎"。

表 3-7   东部地区创新综合指数排名前 15 位创新元

排名	地区名称	指数值	排名	地区名称	指数值
1	深圳	89.43	9	厦门	82.32
2	苏州	88.67	10	中山	82.02
3	南京	87.69	11	嘉兴	81.99
4	广州	87.22	12	宁波	81.92
5	杭州	86.99	13	常州	81.34
6	东莞	86.57	14	佛山	80.71
7	珠海	84.76	15	青岛	80.27
8	无锡	83.56			

从排名前 15 位创新元的省域分布来看，主要集中在浙江、广东、江苏三个省份，呈现"三足鼎立"态势，创新元共有 13 个，占 86.67%（见图 3-8）。

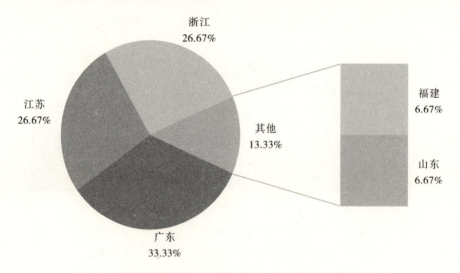

图 3-8   东部地区创新综合指数排名前 15 位创新元的省域分布

（三）中部地区

中部地区 80 个创新元创新综合指数均值为 66.67，较全国均值低 0.61。中部地区创新综合指数排名前 15 位的创新元见表 3-8，其中武汉、郑州、合肥、长沙、南昌位列前 5 名。

表3-8　中部地区创新综合指数排名前15位创新元

排名	地区名称	指数值	排名	地区名称	指数值
1	武汉	82.34	9	蚌埠	72.98
2	郑州	81.01	10	铜陵	72.35
3	合肥	80.91	11	宣城	72.14
4	长沙	79.23	12	株洲	69.46
5	南昌	79.22	13	黄石	68.57
6	太原	77.17	14	洛阳	68.35
7	芜湖	76.38	15	滁州	68.30
8	马鞍山	73.96			

从排名前15位创新元的省域分布来看,呈现"一家独大"的格局。分布在安徽的创新元个数最多,有7个;湖南、湖北、河南次之,各有2个;山西、江西各1个(见图3-9)。

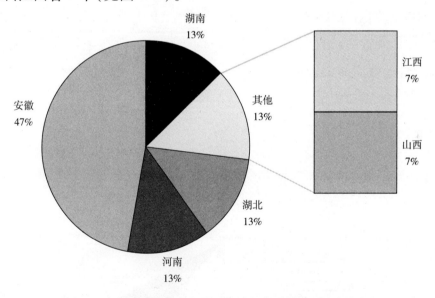

图3-9　中部地区创新综合指数排名前15位创新元的省域分布

(四) 西部地区

西部地区87个创新元创新综合指数均值为64.82,较全国均值低2.46。创新综合指数排名前15位的创新元见表3-9,其中,排名前5位的有成都、西安、绵阳、贵阳和兰州。

表3-9　西部地区创新综合指数前15位创新元

排名	地区名称	指数值	排名	地区名称	指数值
1	成都	84.81	9	德阳	74.92
2	西安	83.62	10	西宁	74.13
3	绵阳	79.10	11	柳州	73.54
4	贵阳	77.37	12	银川	73.09
5	兰州	77.12	13	呼和浩特	72.46
6	昆明	76.82	14	乌鲁木齐	72.31
7	南宁	76.07	15	克拉玛依	72.19
8	宝鸡	75.90			

　　从排名前15位创新元的省域分布来看,呈现"百家争鸣"的格局(见图3-10)。创新元在西部各省分布较为分散,四川3个,陕西、广西、新疆各2个,其余省(自治区)各1个,创新优势区域分散在个别创新高地,区域辐射带动效应尚未形成。

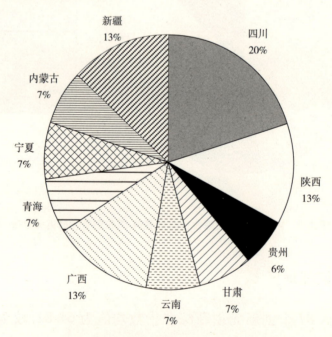

图3-10　西部地区创新综合指数排名前15位创新元的省域分布

（五）东北地区

东北地区创新综合指数排名前 15 位的创新元见表 3-10,其中排名前 5 位的分别是大连、沈阳、哈尔滨、长春和大庆。整体来看,东北地区创新元间指数值相差不大,优势创新元不突出。

表 3-10　东北地区创新综合指数排名前 15 位创新元

排名	地区名称	指数值	排名	地区名称	指数值
1	大连	79.45	9	丹东	65.21
2	沈阳	77.22	10	营口	65.02
3	哈尔滨	73.48	11	盘锦	64.90
4	长春	71.26	12	锦州	64.58
5	大庆	67.05	13	吉林	64.56
6	鞍山	66.23	14	通化	64.42
7	辽阳	66.14	15	齐齐哈尔	64.06
8	本溪	65.58			

从排名前 15 位创新元的省域分布来看,呈现"一家独大"的格局(见图 3-11)。创新元数量分布在辽宁的多达 9 个,吉林有 3 个,黑龙江有 2 个。

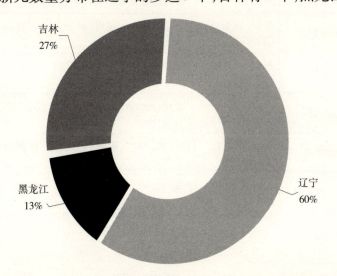

图 3-11　东北地区创新综合指数排名前 15 位创新元的省域分布

三、分战略区域排名

国家级城市群、"一带一路"沿线重点城市、长江经济带是我国未来一段时期内的重要战略机遇和潜力所在,2017 年度对这些战略区域继续保持关注。

（一）国家级城市群

在各国家级城市群排名前 5 位的创新元(见表 3-11)中,长三角城市群和珠三角城市群创新综合指数继续保持在 80 以上,创新"引领效应"明显。此外,长三角城市群、珠三角城市群、长江中游城市群和成渝城市群排名前 5 位创新元的创新综合指数均超过全国平均水平(67.28),而京津冀城市群、中原城市群、北部湾城市群和哈长城市群排名前 5 位创新元均有创新综合指数低于全国平均水平的情况,表明这些城市群尚未完全成为区域创新的引擎。

表 3-11　国家级城市群创新综合指数排名前 5 位创新元①

国家级城市群	创新综合指数排名前 5 位创新元				
长三角城市群	苏州(88.67)	南京(87.69)	杭州(86.99)	无锡(83.56)	嘉兴(81.99)
珠三角城市群	深圳(89.43)	广州(87.22)	东莞(86.57)	珠海(84.76)	中山(82.02)
京津冀城市群	石家庄(71.68)	廊坊(69.66)	秦皇岛(67.90)	保定(67.72)	唐山(66.87)
长江中游城市群	武汉(82.34)	长沙(79.23)	南昌(79.22)	株洲(69.46)	黄石(68.57)
中原城市群	郑州(81.01)	蚌埠(72.98)	洛阳(68.35)	聊城(66.72)	淮北(66.27)

---

① 不含北京、上海、天津、重庆四个直辖市。

续表

国家级城市群	创新综合指数排名前5位创新元				
成渝城市群	成都(84.81)	绵阳(79.10)	德阳(74.92)	自贡(69.49)	宜宾(68.64)
哈长城市群	哈尔滨(73.48)	长春(71.26)	大庆(67.05)	吉林(64.56)	齐齐哈尔(64.06)
北部湾城市群	南宁(75.90)	防城港(71.04)	阳江(67.49)	钦州(64.29)	北海(63.56)

从各城市群创新综合指数均值来看,仅有珠三角城市群、长三角城市群和长江中游城市群的创新综合指数均值超过全国均值(见图3-12),城市群之间呈现显著的分化现象。

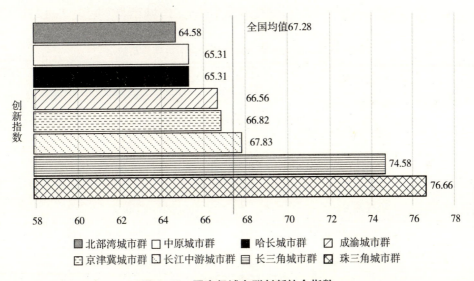

图3-12 国家级城市群创新综合指数

从创新三大评价维度来看,长三角城市群创新投入最强、创新环境最优,珠三角城市群创新产出最佳(见图3-13)。创新环境指数均值超过全国均值的分别是珠三角、长三角和京津冀城市群;创新投入指数均值超过全国均值的有长三角、珠三角和长江中游城市群;创新产出指数均值超过全国均值的有珠三角、长三角和长江中游城市群。

从各城市群内部差异来看,变异系数由小到大依次为:京津冀、北部

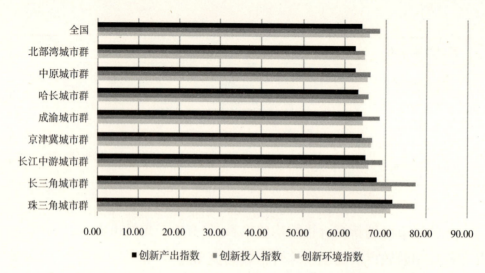

图 3-13　国家级城市群创新环境指数、创新投入指数、创新产出指数

湾、长三角、中原、哈长、长江中游、成渝和珠三角城市群（见表 3-12）。

表 3-12　国家级城市群创新综合指数变异系数

城市群	变异系数
京津冀城市群	0.04
北部湾城市群	0.04
长三角城市群	0.05
中原城市群	0.05
哈长城市群	0.06
长江中游城市群	0.09
成渝城市群	0.11
珠三角城市群	0.17

　　以各城市群创新综合指数均值和变异系数构建矩阵,并分别以创新综合指数均值是否高于均值和变异系数是否超过 0.05 为依据进行划分,形成三种城市群类别（见表 3-13）。

表 3-13　城市群内部差异大小划分

指数均值高　内部差异大	珠三角城市群　长三角城市群　长江中游城市群
指数均值低　内部差异大	成渝城市群　哈长城市群　中原城市群
指数均值低　内部差异小	京津冀城市群　北部湾城市群

（二）"一带一路"沿线重点城市

"一带一路"沿线重点城市共涉及 146 个创新元,创新综合指数排名前 15 位的创新元见表 3-14,其中深圳、广州、杭州、东莞和成都位列前 5 位。

表 3-14　"一带一路"沿线重点城市创新综合指数排名前 15 位创新元

排名	地区名称	指数值	排名	地区名称	指数值
1	深圳	89.43	9	厦门	82.32
2	广州	87.22	10	中山	82.02
3	杭州	86.99	11	嘉兴	81.99
4	东莞	86.57	12	宁波	81.92
5	成都	84.81	13	合肥	80.91
6	珠海	84.76	14	佛山	80.71
7	西安	83.62	15	湖州	80.10
8	武汉	82.34			

2017 年度,"一带一路"沿线重点城市创新综合指数平均值为 67.86,高于全国区域创新综合指数平均水平(67.28)。其中,创新产出指数优势显著,创新环境指数略优于全国均值,创新投入指数接近全国平均值(见图 3-14)。

从"一带一路"沿线排名前 15 位创新元的省份分布来看,东部地区的创新元仍然集中了创新综合指数前 15 位的 11 个,占比为 73%;中西部区创新元仅有 4 个,且仅有成都、西安和武汉排进前 10 位(见表 3-15)。

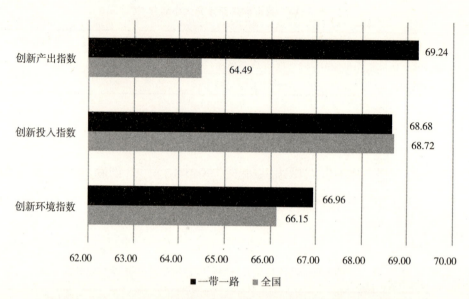

图3-14 "一带一路"沿线城市创新环境指数、创新投入指数、创新产出指数

表3-15 "一带一路"沿线重点城市创新综合指数排名前15位创新元

区域	创新元
东部地区	深圳（1） 广州（2） 杭州（3） 东莞（4） 珠海（6） 厦门（9） 中山（10） 嘉兴（11） 宁波（12） 佛山（14） 湖州（15）
中部地区	武汉（8） 合肥（13）
西部地区	成都（5） 西安（7）

（三）长江经济带

　　长江经济带涉及108个创新元,其创新综合指数均值为68.60,较全国创新综合指数均值高1.32,较"一带一路"沿线创新元创新综合指数均值高0.74。长江经济带创新综合指数前15位排名见表3-16,呈现上游创新指数位次低、下游创新指数位次高的现象。长江上游地区仅有成都进入前15位,而下游地区有10个创新元入围。

表 3-16　长江经济带创新综合指数排名前 15 位创新元

排名	地区名称	指数值	排名	地区名称	指数值
1	苏州	88.67	9	常州	81.34
2	南京	87.69	10	合肥	80.91
3	杭州	86.99	11	湖州	80.10
4	无锡	83.56	12	金华	79.92
5	成都	82.81	13	绍兴	79.79
6	武汉	82.34	14	长沙	79.23
7	嘉兴	81.99	15	南昌	79.22
8	宁波	81.92			

长江经济带创新元的创新环境指数、创新投入指数和创新产出指数分别是 68.02、70.40 和 65.99，均高于全国均值，且分布与全国均值一致（见图 3-15）。长江经济带不仅聚集了较多的创新优势资源，而且在一定程度上体现了全国区域创新发展水平与态势。

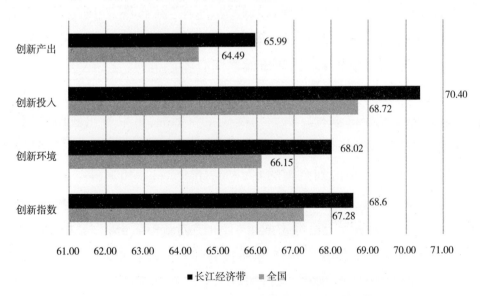

图 3-15　长江经济带创新综合指数与全国均值比较

从长江经济带排名前 15 位的创新元省域分布来看，东部地区的创新元有 10 个，中部地区有 4 个，西部地区有 1 个（见表 3-17）。

表 3-17　长江经济带综合创新指数排名前 15 位创新元

区域	创新元
东部地区	苏州（1）　南京（2）　杭州（3）　无锡（4）　嘉兴（7）　宁波（8）　常州（9）　湖州（11）　金华（12）　绍兴（13）
中部地区	武汉（6）　长沙（14）　合肥（10）　南昌（15）
西部地区	成都（5）

四、区域创新特征

（一）创新空间分布呈俱乐部收敛

我国区域创新活动越来越集聚在少数地区，呈现出了经济学家们所提出的"俱乐部收敛"趋势。所谓"俱乐部收敛"，指区域创新在以某些创新元为代表的"俱乐部"内呈现收敛趋势，而在"俱乐部"外则呈现发散趋势。换句话说，创新呈现出"马太效应"，在经济水平发达的区域，创新越来越强，而且区域内的各个创新单元之间日益趋同；反之，在经济水平欠发达的区域，创新差异越来越大，创新能力的提升水平日益下降。

以区域专利授权量和发明专利授权量为标准，可以看出我国区域之间的创新差异非常明显。2015 年，东部、中部、西部地区和东北地区所拥有的专利授权量分别占到全国的 67.4%、16.9%、11.46% 和 44.24%。从创新元来看，我国的区域创新活动则主要集中在一些研发人才集聚的城市。现阶段，我国实际上已经形成了"15+1"创新俱乐部格局，即 15 个副省级市+苏州，这 16 个市在 2015 年所拥有的专利授权量 43 万件之多，约占全国 286 个创新元的 35%；其所拥有的发明专利授权量有 9.5 万件，其约占全国 286 个创新元的 34%。由此可以看出，我国区域创新活动更趋集中，条件"俱乐部收敛"趋势非常明显。

再从泰尔指数的角度来看，其通常用来测量区域创新的差异，可以从地区总指数、地区内指数和地区间指数各自的得分来比较。本书分别以人均

GDP 和创新主体数量作为权重,计算我国区域创新的泰尔指数。结果显示,我国区域创新差异非常明显,尤其是在以创新主体数量为权重的泰尔指数明显高于以人均 GDP 为权重的泰尔指数。这表明创新主体数量的差距则是导致区域创新差异的重要原因之一。可以看到,我国四大区域内部创新差异高于区域之间的创新差异。这表明,我国区域创新差异不是以东部、中部、西部和东北地区为俱乐部收敛,而是以创新主体集聚的创新元为俱乐部收敛。

(二) 主体集聚程度引领创新态势

创新主体集聚的区域,创新活动非常活跃,创新指数的得分也相应较高。这说明,我国的区域创新模式,正在从政府主导转向以企业为代表的其他主体主导,企业等主体的创新地位逐渐凸显。

事实上,仅仅从工业企业数量来看,创新指数排名前 5 位的创新元所拥有的工业企业数占全国 286 个创新元工业企业总数的 8%;排名第三的苏州,其拥有 10062 家规模以上工业企业,更是遥遥领先于其他创新元。从创新主体对区域创新指数的贡献来看,创新主体对空间集聚指数的贡献约占据了 41%,再加上产业园区(集聚了大量的企业等创新主体)36% 的贡献,可以说创新主体的聚集营造了有利于知识创造、传播到创新驱动的创新环境,从而使区域创新活动更加活跃,创新能力不断提高(见图 3-20)。

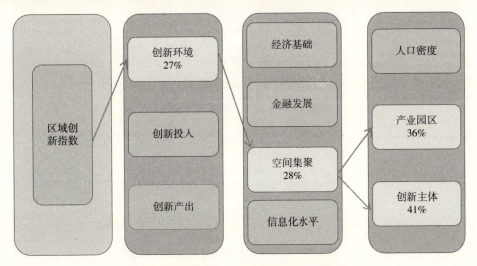

图 3-16　基于熵权法的创新主体对区域创新的贡献

再从衡量区域创新差异常用的泰尔指数来看,对比分析以创新主体为权重的泰尔指数和以人均 GDP 为权重的泰尔指数,能够再次印证创新主体的集聚有利于区域创新。由图 3-16 也可以看出,以创新主体数量为权重的泰尔指数,无论是从全国总体、区域内部、区域之间以及四大区域来看,都远远高于以人均 GDP 为权重的泰尔指数。这就说明创新主体集聚水平是导致我国区域创新差异的重要原因之一。换言之,某个创新元所集聚的创新主体越多,其创新指数的得分越高,其区域创新能力也相应越强。可以说,创新主体集聚水平高的地区,引领了我国区域创新的时代潮流。

（三）创新人才决定区域竞争实力

在中国走向现代化国家之初,区域创新投入还停留在加大资金投入和引进外资的基础上,随着从"科技是第一生产力"到"人才是第一资源"的转变,越来越多的政府官员、学者以及企业家意识到自主创新的重要性。如果说自主创新是支撑一个区域崛起的筋骨,那么创新人才则是驱动一个区域自主创新的大脑。

如图 3-17 所示,创新投入对创新指数的贡献约为 26%,人力投入约

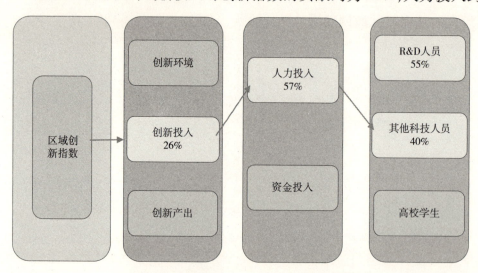

图 3-17　基于熵权法的创新人才对创新指数贡献

占创新投入的57%,而在人力投入中,R&D人员和其他科技活动人员其对人力投入的贡献约占整个人力投入的95%。可见,创新人才是我国欠发达地区腾飞跨越的关键。

从286个创新元的情况来看,地处西部地区的绵阳市,能够进入"前30位俱乐部",一个很重要的原因就在于其拥有大量的科研人才。资料显示,绵阳拥有各类科技活动人才达到6万余人,每万人所拥有的科研人员数约为415人,其占全部就业人员的比重达到了12%,居全国286个创新元第一位。这说明,一个区域能否构建以创新驱动为主的动力结构,主要取决于区域所拥有的创新人才,这也将是未来区域之间创新能力形成差距的关键所在。

(四)外向型经济成为创新加速器

改革开放40年来,我国积极参与经济全球化进程,一方面,积极引进外资,以期解决我国经济发展中缺乏资金、先进技术和管理经验等问题;另一方面,不断推动出口导向型经济发展模式,出口与投资成为我国经济增长的重要动力。

外资和外贸不仅推动了我国区域经济增长,也极大地促进了我国区域创新能力。创新综合指数排名前30位的区域,也是开放型经济发展较为充分的区域。从外贸看,创新指数排名前5位的创新元其进出口总值占286个创新元进口总值的40%,创新指数排名前10位和前30位的创新元,其进出口总值分别占286个创新元进出口总值的47%和69%;从外资来看,创新指数排名前5位的创新元其实际利用外资占286个创新元利用外资总额的14%,创新指数排名前10位和前30位的创新元,其实际利用外资占286个创新元实际利用外资总额的24%和48%。这说明外资、外贸对我国区域创新能力的提升具有极大的推动作用(见图3-18)。

从开放型经济对区域创新指数值的贡献来看(见图3-19),外资和外贸对经济基础指标的贡献约占77%,可以说开放经济的发展推动了区

11111111

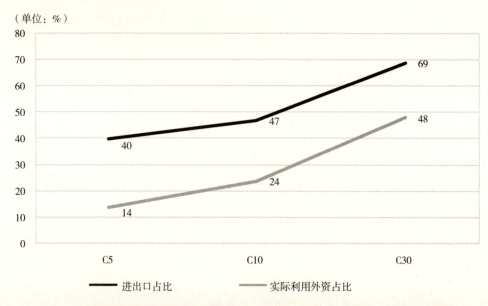

图3-18　创新综合指数排名前5位、前10位及前30位创新元的开放经济发展情况

注:C5表示区域创新指数排名前5位的创新元;C10表示区域创新指数得分排名前10位的创新元;C30表示区域创新指数排名前30位的创新元。

域创新活动的活跃和创新能力的提升。党的十九大报告明确指出,"要以'一带一路'建设为重点,坚持引进来和走出去并重,遵循共商共建共享原则,加强创新能力开放合作"。因此,在"一带一路"作为开放新平台的战略下,发展高水平的开放经济,将进一步提升我国区域创新能力。

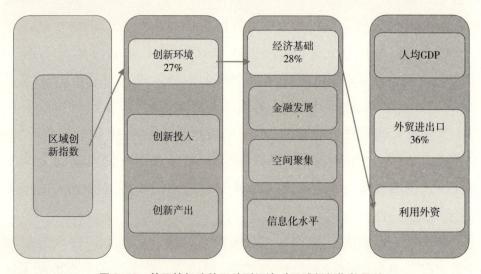

图3-19　基于熵权法的开放型经济对区域创新指数贡献

（五）绿色发展不足构成创新"短板"

党的十九大报告指出："建设生态文明是中华民族永续发展的千年大计。"这要求区域创新要更加注重生态保护和绿色发展,进一步践行"绿水青山就是金山银山"的理念。在推动区域创新发展的过程中,286个创新元从不同侧面展现了自己的创新优势和潜力,但是在把创新活动转化成对经济社会生态等可持续发展价值的过程中,这些创新元的表现则差强人意,即创新驱动尚未足够体现出对生态文明建设、绿色发展的促进和推动作用。

从各要素指标对区域创新指数的贡献来看,虽然创新产出指标对区域创新指数的熵权为0.47①,但价值实现指标对创新产出的熵权只有0.14;而万元GDP能耗对价值实现指标的熵权仅有0.018,几乎可以忽略不计(见图3-20)。这表明在286个创新元的创新系统中,万元GDP对于创新指数的贡献微乎其微,表明我国区域创新活动对于环境保护和生态文明建设的促进作用还非常有限。

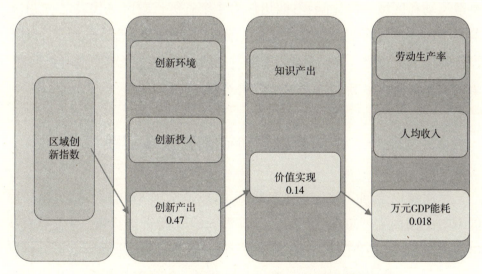

图3-20　基于熵权法的万元GDP能耗对区域创新指数贡献

---

① 本书各指标熵权 w 取值范围为[0,1]。

第三章　全面创新改革:实践与经验

　　2015年9月,中共中央办公厅、国务院办公厅印发了《关于在部分区域系统推进全面创新改革试验的总体方案》,在全国确定了8个全面创新改革试验区,要求改革试验区力争通过3年努力,基本构建推进全面创新改革的长效机制,每年向全国范围复制推广一批改革举措和重大政策。截至目前,国务院授权的169项改革举措在8个全面创新改革试验区已经全部启动,其中首批13项改革举措已在全国推广。[①] 京津冀作为全国唯一跨省级行政区的试验区,着眼于通过区域协同创新发展解决省际间要素流动和区域一体化问题;四川作为4个省级行政区域代表之一,主要着眼于通过军民深度融合发展形成区际间竞争优势;武汉作为3个副省级行政区域代表之一,重点着眼于通过产业调整解决区域产业升级问题,为我国加快建设创新型国家提供宝贵经验。

一、京津冀探索协同创新改革实践

　　京津冀以全国2.3%的国土面积,承载了全国8%的人口,贡献了全国10%的国内生产总值,吸引了全国25%的外商直接投资,研发经费支出占全国15%,是我国经济最具活力、创新能力最强、开放程度最高的区域之一。[②] 随着京津冀协同发展的持续推进,全面创新改革试验深入开展,非首都功能疏解步伐不断加快,京津冀三地技术交易持续"井喷式"增

[①] 贺勇等:《8个试验区　改革正发力》,《人民日报》2017年11月23日。
[②] 蔡奇:《推动京津冀协同发展》,《人民日报》2017年11月20日。

长,成果转化增强,区域创新共同体架构初步形成。2016 年,北京输出津冀技术合同 3103 项,输出技术合同成交额从 2015 年的 111.5 亿元增加为 154.7 亿元,同比增长 38.7%,科技创新公共服务共建共享初见成效,创新链、产业链、资金链、政策链逐渐融合。

(一) 以创新共同体构建为核心,促进区域间创新链融合

以中关村国家自主创新示范区、天津国家自主创新示范区、天津自由贸易试验区和石保廊国家级高新技术产业开发区等国家级经济技术开发区为依托,通过跨省(直辖市)的产业园区、科技创新等各类合作平台建设,汇集企业、科研院所、高校、中介等创新主体,构建京津冀协同创新共同体,实现创新要素跨省市的自由流动和京津冀创新链的深度融合。

一是联合共建产业园区。围绕"4+N"重点合作领域,在天津海滨、曹妃甸、张承地区,河北保定、石家庄、雄安等重要节点区域,以共建科技园区为载体,通过跨区域并购、共建等区域合作新模式,导入北京中关村等已成熟的创新示范区模式和基因,建设曹妃甸协同发展示范区、新机场临空经济区、张承生态功能区、滨海新区等战略合作和功能承接平台,集中力量支持河北雄安新区建设创新驱动发展引领区,构建要素聚集、资源共享、产业上下游高效衔接、互利共赢的科技创新园区链。截至 2016 年年底,河北与北京、天津共建各类技术产业园区 55 个,京津冀三省市培育建立国家创新型产业集群试点 8 家,占全国的 11.3%。

二是组建产业技术创新联盟。京津冀三地围绕节能环保、生态环境、现代交通等重点领域,通过互联网跨界融合和产业技术联盟,支持鼓励京津冀企业、科研机构、高校等创新主体之间进行创新合作和联合科技攻关,实现科技资源有效对接和科技成果落地转化。截至 2016 年年底,京津冀三地产业技术联盟不断涌现,河北与京津共建产业技术联盟 65 家,天津组建产学研用创新联盟 30 个。

三是共搭创新成果转化平台。京津冀围绕新技术新产品向技术标准转化和首都创新成果转化,积极共建国家技术标准创新基地、科技成果转

化基地等。例如"共建创新成果中试基地"，将北京相关创新主体的研发成果在京津冀地区进行中试、孵化，推进其产业化发展，实现首都创新资源助推当地产业培育提升。"共建科技成果转化基地"，围绕京津冀地区企业、科研机构等技术需求，组织北京创新资源、科技成果进行对接，鼓励北京地区创业团队、投资机构等在京津冀地区进行成果转化。[①]

四是建设区域知识产权协同发展示范区。以区域联合创新、区域内部科技创新成果共享构建科技服务新模式，明确科技成果转化所获收益可按70%及以上的比例，划归科技成果完成人所有，促进科学技术创新成果转化率不断提高。[②] 目前，京津冀三地专利联合申请及联合授权主要集中在电力、热力等基础设施建设，以及科学研究与技术服务业等高精尖端创新型行业，其专利联合申请量及授权量分别占总量的83%和83.2%。2016年京津冀三地联合专利申请量和授权量分别达到3967件和2695件，是2013年的2.2倍和2.4倍，区域联合创新推动成果加速转化。[③]

表3-18　京津冀创新协同发展的重点产业园区建设

重点项目	目标	入驻企业
天津滨海中关村科技园	整合中关村和滨海新区先行先试政策优势，打造国际一流科技研发及成果转化示范园区	以太资本、北京爱康维健医药科技有限公司、硅谷之窗等
保定中关村创新中心试点	为创新企业提供总部办公、研发中心、创新孵化、人才培训平台等服务	阿里巴巴、用友、赛伯乐投资公司、北京碧水源科技股份有限公司等
雄安新区中关村科技园	北京新两翼之一，疏解北京非首都功能与人口的主要承载地，科技创新资源集聚地	尚未投入使用
新机场临空经济区	京冀共同出资组建企业化运营的开发建设平台	尚未投入使用

① 北京市科学技术委员会：《关于建设京津冀协同创新共同体的工作方案（2015—2017年）》（京科发〔2015〕435号）。

② 贺勇等：《8个试验区　改革正发力》，《人民日报》2017年11月23日。

③ 祝合良、叶唐林等：《京津冀协同发展的新形势和新进展》，《京津冀发展报告（2017）》，第12—13页。

（二）以非首都功能疏解为根本,实现区域间产业链融合

立足于创新驱动发展,以北京非首都功能疏解和转移为抓手,优化区际间产业空间布局,做好京津冀三地产业链条衔接,促使北京全国科技创新中心的知识、技术溢出效应尽可能地向津冀两地辐射,逐步构建"研发中枢在北京,技术成果转化产业链延伸至津冀"的区域创新分工体系,实现跨区域的产研分离和京津冀产业链融合发展。

一是腾退旧动能空间,拓展创新发展新空间。北京一方面作为重要枢纽城市、创新辐射源地,要充分发挥其在京津冀全面创新改革试验区中研发能力、R&D人员、研发经费等方面的创新资源优势,通过区域性物流基地、专业市场等一般性产业的疏解和转移,加强与津冀的科技合作与交流,全力支持在京资源向雄安新区等转移疏解。另一方面吸收国际先进创新要素,发展总部经济、现代服务业、高新技术等产业,构建高精尖产业结构,打造世界创新网络支点和全国原始创新策源地,引领津冀区域科技创新协同发展。

二是增强滨海新区集聚效应,打造全国先进制造研发基地。天津不断强化其研发转化能力,推进加工制造和生产研发建设,吸引高端制造业和高端装备制造业在滨海新区聚集,发展一定规模的总部经济,高水平建设京津冀区域产业技术创新中心和先进制造研发基地。2016年,北京企业来津投资到位1700亿元,河北企业来津投资到位294亿元,天津引进京冀投资项目1850多个,投资额1587亿元。

三是优化承接生态环境,主动对接京津产业转移。河北以非首都功能转移为契机,主动对接京津产业转移工作,精准选择承接北京非首都功能疏解和产业转移的平台与抓手,优化承接环境,通过雄安新区等开发区、科技园区等平台建设,承接京津的科技、人才、金融等资源,以京津创新成果聚集应用和示范推广,带动河北产业转型和升级。2016年河北引进京津高新技术企业1300家,引进京津资金3825亿元。

表 3-19　京津冀创新协同发展的区域产业功能定位与方向

	定位	方向
北京	全国科技创新中心 全国创新枢纽和辐射地 全球创新网络支点	原始创新策源地 技术创新总部集聚地 科技成果交易核心区 全球高端创新型人才中心
天津	产业技术创新中心 先进制造研发基地	技术研发及战略性新兴产业创新成果转化基地 中小企业集聚创新创业示范区
河北	重大科技创新成果集成应用和示范推广	科技支撑产业结构调整和转型升级示范区 高端成果转移转化集聚区

（三）以跨地区金融合作为依托，加快区域间资金链融合

以京津冀产业协同发展基金为基础，探索跨区域金融合作经营，促进创新资本在省际间自由流动，实现区域间资金链融合发展。

一是探索建立区域性股权市场。推动三地股权交易场所互通互认，发行专项债券，实现新三板之间深化合作。目前，由人民银行牵头，京津冀相关金融管理部门之间建立了三地协同机制，定期就金融协同发展进行沟通研讨，京津、京冀已分别签署《金融合作协议》，京津冀三地《金融合作协议》目前已经进入征求意见和最后签署阶段。[①]

二是建立"创新券"合作机制。一方面，京津冀三地积极联系对接科研院所、国家实验室等创新资源供给方和创新型孵化器、行业协会等多种科技服务机构的推荐机构，构建"供给方—中介—企业"三位一体的"创新券"组织体系，用"创新券"资金支持本地企业跨区域科技活动，解决小微企业和创业团队创新的启动资金问题。另一方面，京津冀三地积极就科技"创新券"共享共认进行沟通交流，通过召开对接会议商议"创新券"支持范围、资金来源、科技资源依托单位、创新券资金兑现方式等内容，推动京津冀三地互相衔接的"创新券"合作机制的形成。[②] 目前，北京共筹

---

① 北京市金融局：《支持京津冀金融机构发专项债 推动三地金融市场融合》，见 http://finance.sina.com.cn/roll/2017-10-30/doc-ifynfrfn0478210.shtml。

② 张然：《首都科技"创新券"将惠及津冀》，《北京日报》2017 年 10 月 20 日。

集"创新券"资金池 1.4 亿元,支持"创新券"项目 2402 个,惠及小微企业 2115 家、创业团队 111 家。

三是组建京津冀金融创投联盟。在政府引导下,由银行、基金、券商、投资管理公司、资产管理公司、信托等金融机构共同组建团队,搭建京津冀金融创投联盟,对入孵企业的创新产品等进行扶持。孵化器企业自己也可通过股权、债权的投资方式,对入孵企业进行选择性的投资。目前,京津冀金融创投联盟针对京津冀的创业创新企业进行投融资的资金规模已达 20 亿元。

(四) 以公共事务联合治理为抓手,推动区域间政策链融合

积极开展交通、生态、产业等重点领域的对接商议,以联合制定、出台政策规定,实现公共事务联合治理和政策链的融合发展。

一是探索政策制度共享机制。通过政策移植、政策创新和政策突破等措施,以及在区域共建、产业协作、生态保护、交通建设等方面签署框架协议、备忘录、合作协议等形式来推动京津冀三地区域协作和创新,促进金融、技术、人才、产权等创新要素市场一体化,为京津冀三地区域创新融合和协同发展营造良好生态环境。

二是推进京津冀协同创新发展的交流与合作。除京津冀政府部门之间通过共同制定政策制度促进交流合作以外,在科技管理等部门的引导下,京津冀三地间科研院所、高校、科技企业、投资机构与技术转移服务机构之间也通过高峰论坛、研讨会等形式进行互动交流、信息共享和对接合作,为京津冀区域协同创新发展献计献策。例如,京津冀青年科学家论坛是京津冀基础研究交流与合作的良好平台,现已成功举办了三期交流会议,为三地围绕京津冀共同关注的重点任务开展基础研究合作专项提供了科技创新支撑。

三是打造京津冀大数据综合试验区。京津冀三地将进行数据中心整合利用试验探索,加快大容量骨干网络设施建设,扩大基础设施物联网覆盖,以大数据的思维、技术、服务等突破行政藩篱和区域界限,打造京津冀

大数据综合试验区,推动开展大数据便民惠民服务。①

表 3-20　各领域推进京津冀协同发展签署的有关协议

合作方向	协议名称
区域共建	《推进京津冀开发区协同发展战略合作框架协议》 《共建北京新机场临空经济合作区协议》 《共建海滨—中关村科技园合作框架协议》
产业协作	《京津冀信息化协同发展合作协议》 《京津冀协同制造工业云战略合作框架协议》
交通建设	《京津冀口岸深化合作框架协议》 《交通一体化合作备忘录》
生态保护	《京津冀区域环境保护率先突破合作框架协议》
文化创新	《京津冀协同创新发展战略研究和基础研究合作框架协议》
市场合作	《商务领域京津冀协同发展对接协作机制》 《共同加快推进市场一体化进程协议》 《金融服务京津冀协同发展战略合作协议》
人才交流	《推动人力资源和社会保障工作协同发展合作协议》 《京津冀三地文化人才交流与合作框架协议》 《京津冀高校毕业生就业创业协同创新框架协议》

资料来源:祝合良、叶唐林等:《京津冀发展报告(2017)》,社会科学文献出版社 2017 年版,第 5—6 页。

专栏 3-1　"京津研发+河北转化"——京津冀协同创新共同体

京津冀三地推动政策互认和资源共享,采取一区多园、总部—孵化基地、整体托管、创新链合作等方式,与京津产业园区、企业总部和科研院所创新合作,在河北建设各类园区和基地,联手促进创新布局的快速形成,与京津共建一批产业园区、科技园区、科技成果孵化转化基地,形成"京津研发+河北转化"的协作模式,共建京津冀协同创新共同体。一是创新链合作模式。京津冀(廊坊)协同创新创业基地(简称"创新创业基地")是河北省五个科技成果孵化园区之一、河北省中小企业创业辅导基地、省级青年创业孵化基地以及廊坊市众创空间。创新创业基地位于廊坊龙河高新区的核心区域,总占地 272 亩,基建总投资约 6 亿元,项目全部入驻

① 中华人民共和国科学技术部:《京津冀将共建大数据综合试验区》,见 http://www.most.gov.cn/dfkj/hb/zxdt/201608/t20160823_127358.htm。

后总投资预计达到20亿元。重点面向电子信息、新能源、新材料、生物医药、精密仪器等行业的研发创新和生产制造项目,将中关村创业孵化、科技金融服务、成果转移转化等方面的理念和做法引入,打造跨区域的创新创业生态系统,营造良好的技术创新、科技成果转化氛围,提升中小型高新技术企业的发展空间和创新平台。二是总部—孵化基地模式。河北清华发展研究院、固安县政府、华夏幸福基业共建清华大学重大科技项目(固安)中试孵化基地,重点打造集"创新研发、项目孵化、技术转移、支撑服务"四位一体的产学研合作平台。未来,清华大学的高新技术成果将优先在河北实现产业化,从而推动钢铁、石化、建材、装备制造等传统产业的改造升级;并发展壮大新材料、新能源、高端装备制造、电子信息、节能环保等战略性新兴产业。凭借清华的品牌优势和示范作用,形成高层次人才、高科技成果、高新技术产业和资本的聚集,最终对区域经济社会发展起到辐射带动作用。

资料来源:北京市科学技术委员会,见 http://www.bjkw.gov.cn/art/2016/11/4/art_365_36925.html。

二、四川省探索军民深度融合发展经验

四川以推动军民深度融合发展作为全面创新改革试验的核心主题,把创新驱动发展战略与军民融合发展战略有机结合,积极构建军民融合创新体系,军民融合发展取得实质性突破。2016年,四川军工核心能力建设投资占全国总投资的1/6,居全国首位,全年军民融合产业主营收入达到2870亿元,居全国第二位[①],同比增长7.9%,其中军民融合高新技术增加值占比达到79%。在军民融合金融体系构建、服务平台打造、技术成果转化、人才队伍建设等方面形成了诸多可复制可推广的经验。

---

① 张萍:《去年全省军民融合产业主营业务收入2870亿元居全国第二》,《华西都市报》2017年9月29日。

2017年9月，国务院办公厅推出13项支持创新改革举措，其中3项军民融合创新经验来自四川。

（一）改体制，拓宽军民融合发展道路

持续推进军民深度融合发展，必须打破体制机制约束的"瓶颈"。四川以发展和壮大军民融合产业为目的，开展军民融合企业认定工作，推进军工企业混合所有制和职务科技成果权属混合所有制改革，进一步打通科技成果转化通道，加速促进军民融合产业市场化。

一是在全国率先开展军民融合企业认定工作。四川率先开启军民融合企业认定试点工作，2016年以来，绵阳、成都先后制定了市级军民融合企业认定标准，先后认定了283家和238家军民融合企业。通过军民融合企业的认定工作，有效掌握了军民融合企业基本情况和产业发展状况，为对被认定的军民融合企业实施动态管理提供了重要条件，同时，通过财政、税收、金融等精准扶持和服务，也极大地调动了军民融合企业的积极性，加快了军民融合产业的发展。

二是鼓励社会资本参与军工企业混合所有制改革。民营企业通过股权的形式参与军工研发与生产，突破了当前行业、军民以及所有制界限问题，拓展混合所有制企业融资渠道，同步解决民营企业参股国有企业"话语权"薄弱问题，为"民参军"提供了一个新的路径选择。[1]

三是在全国率先推出职务科技发明成果权属混合所有制。由试点科研院所、高校与职务发明人共同约定新的职务发明知识产权，对既有职务发明知识产权进行分割确权，允许职务发明人与单位共同拥有职务发明知识产权。[2] 此项改革极大地提高了职务发明人进行军民两用技术成果转移转化的积极性，有效地提升了科技成果转化率。

---

① 熊筱伟、朱雪黎等：《主动融入创新改革洪流　奋勇争先创造四川经验》，《四川日报》2017年5月23日。

② 熊筱伟、朱雪黎等：《主动融入创新改革洪流　奋勇争先创造四川经验》，《四川日报》2017年5月23日。

目前,该项改革主要是在四川 20 多所高校及科研院所进行广泛试点,据初步统计,试点单位 1 年的成果转化量相当于过去 10 年的总和。

(二) 兴金融,破解军民融合企业融资难题

产业发展需要金融助力。四川创新金融支持机制,从构建全新的金融服务体系入手,通过打造专业的军民融合金融服务机构,创设专属科技金融产品和服务,量身定制军民融合产业发展基金等方式,保障资金投入,为军民融合企业服务,推动军民深度融合发展。一是组建科技金融专业机构。挂牌成立全国首家军民融合科技支行和保险支公司,组建了军民融合金融服务中心和科技型中小企业信贷服务中心,推动科技与金融结合,降低了军民融合和技术转化过程中的各类风险,有效缓解了军民融合企业融资难、融资贵的问题。截至 2017 年 8 月,军民融合金融服务中心对军民融合企业融资已达 33.3 亿元。[①] 二是创设专属科技型金融产品和服务。相继推出军工采购贷、军工项目贷、军工贸易融资等多种军民融合金融产品,应用保险机制和产品创新为科技型企业融资提供征信支持服务。目前,仅绵阳就为军民融合企业提供了超过 200 亿元的贷款与超过 1000 亿元的风险保障资金。三是量身定制军民融合产业发展基金。2016 年 8 月 15 日四川省政府常务会议审议通过《四川省军民融合产业发展基金设立方案》,引导成立多家创业投资(基金)公司,设立了省级军民融合产业发展、军民融合成果转化和基础设施建设等基金。其中,省级军民融合产业发展基金达 100 亿元。军民融合产业发展基金通过撬动社会资本拓宽了融资渠道,调动了在川军工单位参与军民融合的积极性。四川通过构建全新的军民深度融合金融服务体系,有效地解决了军民融合项目初期启动资金困难的难题,缓解了企业资金回流迟缓、研发费用处于高位的困境,避免了资金缺乏对军民融合发展的不利影响。

---

① 斐玉松:《绵阳构建全新军民融合金融服务体系》,四川省人民政府,见 http://www.sc.gov.cn/。

（三）建平台，促进军民融合资源共享转化

系统推进军民深度融合发展，要以平台载体建设为抓手。四川着力构建军民融合共享平台和供需对接的服务平台，打通"军转民""民参军"通道，为军民深度融合发展提供有力的平台支撑。一是建立军民战略合作的共享平台。通过建立四川军民融合仪器设备共享服务平台和以股权为纽带的军民两用技术联盟，有效整合了区域内大型国防科研设施、高校各类仪器以及国防科研院所的科研设备，并在此基础上进行技术研发和生产的分工协作，使资源在企业间实现水平式双向或多向流动，形成了科学的资源共享机制，实现开放共享。二是搭建军民供需对接的服务平台。为了更好地满足军民融合市场需求，挂牌运营全国首家军民融合技术交易平台——国家军民两用技术交易中心。对接供需，以成果遴选、评估、评价、再研发、交易担保等服务为手段，促进科技资源和科技成果进行交易和转移转化。① 该平台的建立提高了军民两用技术交易数量和质量，2016 年技术合同成交额已达到 6.56 亿元。四川通过军民融合平台建设，打破了行业壁垒和垄断，有效地解决了军民深度融合发展过程中产业分散、合作低效、军地信息不对称、体制机制不健全、军民对接困难等问题，实现从单项技术、单一产业向多领域、跨行业融合转变，进一步提高了资源利用率，提升了军工资源开放水平，为军民深度融合发展提供了有力支撑。

（四）抓重点，打造先行先试核心区域

推动军民深度融合发展是四川全面创新改革试验的核心主题，成德绵②作为四川全面创新改革试验核心区域，有着四川近三分之一的人口，一半以上的工业经济实体以及近七成的科技力量；在军民融合产业方面，成都更是聚集了四川 70% 以上的军工单位和科研院所，德阳具备军工生产能力的企业达 500 余家，2016 年军民融合企业实现总产值 1370 亿元，跃居全

---

① 国家军民两用技术交易中心，见 http://www.jmrh-tech.com/index.html。
② 指成都市、德阳市、绵阳市 3 个市联合体的简称。

国前列。四川以成德绵作为军工资源的核心优势区域,积极探索选优军民融合创新之路。成都以"规划"牵头,制定了《成都市军民融合产业发展"十三五"规划》和《成都市促进军民融合产业加快发展的若干政策措施》,在引导"民参军"协同创新、"军转民"开放创新以及促进资源共建共享等方面给予政策引导,培育军民融合产业集群。德阳以"联盟"打头,抢抓全创契机先行先试,明确把重大装备、航空燃机作为军民融合切入点,探索建立航空产业、高端设备、新材料、生物医药、核技术应用五大军民融合发展产业联盟,实施国家军民融合改革创新试验区创建工程。绵阳则以"平台"为推动,建立了全国首个国家军民两用技术交易中心,成立了四川省军民融合研究院,组建了四川军民融合高技术产业联盟,军民融合已成为绵阳科技城的最大特色。成德绵军民融合发展核心区域的先行先试,充分发挥了成德绵地区的军工资源优势,辐射带动四川军民深度融合发展。

（五）揽人才,激发军民融合创新创造活力

创新驱动的本质是人才驱动,军民深度融合发展也需要人才智力驱动,全面创新改革更离不开人才,培育人才、吸引人才、留住人才自然就成为创新改革试验的重要内容。在培育人才方面,四川积极支持在川高等学校设立国防科技学院和国防科技专业,与军民融合企业联合建立培训中心,培育军民融合专项人才。此外,四川还建立了中国首个军民融合人才交流服务平台,支持军民融合企业和民营企业定期互派人员交流,通过同行交流、国家学术交流合作等方式培育军民融合人才。在吸引人才方面,四川设立了外籍人才停居留特别通道,符合条件的应届优秀外国留学生毕业即可享受直接留川就业的政策福利。为吸引军民融合人才,四川出台了一系列政策,如在各类人才奖项及科技奖评选中,对为军民深度融合发展作出重要贡献的人员单列指标,激励军工单位科技人员创新创业。[1] 在留住人才方面,四川主要通过出台系列优惠政策改善留住人才

---

① 熊润频:《四川新政助推全面创新改革:向用人单位放权　给人才松绑》,《四川日报》2017年7月9日。

的大环境。2017 年 7 月，《成都实施人才优先发展战略行动计划》正式发布，放宽人才落户、购房、子女入学等条件，为军民融合人才提供全方位服务。四川在军民融合科技创新人才方面的各种举措，营造和培植了军民融合人才交流合作生态，激励了在川军工科研院所科技人才投身军民融合产业发展，有效地提升了军民融合人才队伍建设水平。

专栏 3-2 国家军民两用技术交易中心

国家军民两用技术交易中心是科技部授予绵阳市的全国首家军民两用技术交易平台，2016 年 5 月 26 日揭牌运营，旨在建成全国知名、独具军民融合特色的技术交易和科技创新综合服务平台。交易中心以成果遴选、评估、评价、再研发、交易担保等服务为手段，以推进科技成果、科技资源进行交易和转移转化为目标，构建了一个线上平台、七大核心数据库、七大军民融合服务平台。

交易中心采取政府与社会主体"利益共享、风险共担、全程合作"的PPP 模式，由政府负责监管，市场化的科技服务公司负责营运管理。一是立足供需，打造技术交易"网上商城"。由于军工领域的保密特点，企业之间存在信息不对称的问题，存在技术成果"冷藏"在实验室，而有需求的企业又找不到技术的情况。交易中心与国内各大科研机构的技术转移中心对接，供需求方在交易中心平台查询"下单"，以需求牵引技术研发，达到供需双方信息对称的目的。二是精准服务，建立科技成果对接桥梁。交易中心建立了科技成果库和企业库，对科技成果进行精细管理，将科技成果与企业需求对接，邀请意向单位召开科技成果对接发布会，企业代表与成果发布企业现场进行深入的交流和讨论，建立科技成果对接桥梁。三是市场运作，打造市场化交易平台。交易中心由市场化的科技服务公司负责运营管理，对接全军武器装备信息网，帮助民企查询军方需求，同时还与专门的科技服务机构合作，为企业提供相关的咨询服务等。四是政府引导，统筹军民两用技术发展。政府加强引导整合，主要负责监管和协调政府、社会资本方与公众之间的利益。

交易中心依托中国科技城的国防和科技优势资源,目前已完成军民两用科技成果 15595 项入库,拥有专家 404 人,注册企业 9038 家,总交易额为 112500 万元。平台的成立破解了制约成果转移转化通道中军地信息不对称、体制机制不健全等难题,有利于全链条科技服务生态体系的构建,促进科技成果在本地转移转化和进一步实现产业化。

资料来源:国家军民两用技术交易中心,见 http://jmrh-tech.com/single/about/225.html。

三、武汉探索产业转型升级新路

中央明确要求武汉建设战略性新兴产业发展先行区、传统产业向中高端转型升级示范区,为促进区域协调发展提供支撑。武汉提出围绕建设具有全球影响力的产业创新中心,聚焦信息技术、生命健康、智能装备三大领域[①],加快推进"完善以企业为主的科技创新体制机制、激发产业创新人才动力和活力的体制机制、强化产业创新金融支撑的体制机制、优化产业创新政务环境的体制机制、深化产业创新开放合作的体制机制"五个重点方向改革试验,并将改革试验重点任务进一步细化为 137 项创新改革试验任务。2016 年,武汉 137 项创新改革试验任务全面启动,全市 4 项重点改革举措获国家认可推广,在促进全市科技与经济深度融合、推动加快构建全新的产业创新体系等方面取得了重要成绩。

（一）实施"创谷计划"培育未来产业生态圈

创谷是融合高端生产生活生态功能、聚集高端创业创新创造要素的创新集聚园区,是产业定位前沿、创新生态良好、创业服务完备、生活便利

---

① 武汉市第十三届人大常委会第三十七次会议:《武汉市人民政府关于系统推进全面创新改革试验有关工作情况的报告》,见 http://www.whrd.gov.cn/html/cwhgb/133637/2016/1114/11722.shtml,2016 年 7 月 26 日。

宜居的创新发展载体，是产业链、创新链、人才链、资金链、政策链"五链统筹"的创新生态系统。① 全面创新改革试验区建设初始，武汉就提出计划用 3 年时间，打造 10 个以上"创谷"，重点聚焦信息技术、生命健康、智能制造三大产业，并力争将"创谷"建设成全面创新改革试验的承载区、自由创新的示范区、"城市合伙人"的集聚区和未来产业的孕育区。

2016 年，武汉先后"超额"启动 3 批共 13 个"创谷"建设，投资总额近 1000 亿元，涵盖智能设计、人工智能、移动互联网、大数据应用与服务等产业细分领域，当年 3 家"创谷"雏形基本形成；全年新建众创空间 10 家、孵化器 10 家，新（改）建实体空间 80.05 万平方米，引进企业（团队）303 家；全市各类孵化器达到 221 家，总面积超过千万平方米。"武汉创谷"不是简单的产业园区、孵化区（加速器）、双创基地等的翻版，而是科学设计精心培育打造的"全新创新创业生态系统"，为各类创新创业人才提供创新改革空间的同时，逐渐孕育出全新的创新创业综合体，有效拓展全市创新创业载体空间。

专栏 3-3　武汉市：以"创新"为核心大力实施"创谷计划"

面对科技革命和产业变革带来的新机遇与新挑战，武汉以"创新"为核心，大力实施"创谷计划"，计划用三年左右时间，建成 10 个以上"创谷"，首批启动武汉经济技术开发区南太子湖创新谷和洪山区联想星空智慧谷两个"创谷"。

武汉"创谷计划"方案按照产业定位前沿、创新生态良好、创业服务完备、生活便捷宜居的标准，坚持高起点谋划、高质量建设、高效率推进，通过有效聚集人才、技术、资本等创新要素，实现小空间大集聚、小平台大产业、小载体大创新，实现生产、生活、生态融合发展。

一是突出产业特色。围绕信息技术、生命健康、智能制造三大领域，结合实际，瞄准最前沿和具有极大市场空间的产业，精选一两个为主攻方

---

① 《中共武汉市委 武汉市人民政府关于加快实施"创谷计划"的通知》（武文〔2016〕12 号）。

向，重点发展，形成规模，避免产业雷同、无序发展。

二是科学规划选址。在规模上，一个"创谷"原则上控制在 3 平方公里左右，3 年完成固定资产投资不少于 50 亿元（不含住宅、商业综合体项目）；在区位上，要尽量选择环境优美、交通便捷，或者毗邻高校、历史街区等地段。

三是建立良好的运作方式。坚持政府引导、企业主体、市场化动作，既要凸显企业的主体地位，充分发挥市场在资源配置中的决定性作用，又要加强政府引导和服务保障，在规划编制、基础设施配套、资源要素保障、生态环境保护等方面发挥更好的作用。

四是建立清晰、易获得的政策保障机制。制定透明易操作的政策清单，让投资者和创新创业者清楚政策、便捷获得政策。

五是建立良好的服务平台。积极搭建企业服务、金融服务、孵化器服务、创业家服务、人才关爱、大数据云服务等平台，为创新创业者提供全创新链、全要素集聚、全方位的服务。

六是打造便捷宜居的生活环境。按照交通便捷、物业管理规范、生活舒适的基本需求，把"创谷"建设成宜居小区，使人才留得住、有作为。

资料来源：中华人民共和国科学技术部，见 http://www.most.gov.cn/dfkj/hub/zxdt/201604/t20160425_125286.htm。武汉市科学技术局：《中共武汉市委 武汉市人民政府关于加快实施"创谷计划"的通知》（武文〔2016〕12 号），见 http://www.whst.gov.cn/zwgk/show/30067.aspx。

（二）贯彻"城市合伙人[①]"理念汇聚产业发展人才

武汉是全国第一个明确提出城市与人才平等合作、共同发展理念的城市，并切实给予制度化的保障和礼遇。"城市合伙人计划"从合伙人的概念

---

① 指在武汉创办企业、创业投资或开展研发创新活动，与城市结成奋斗共同体，共担风险、共历艰辛、共享成功、共创未来的产业领军人才、知名创业投资人和优秀青年创新创业人才，以及其他类别、层次的创新创业人才，参见《武汉"城市合伙人"认定与服务工作实施办法》（武办文〔2015〕82 号）。

出发,将合伙人制度提升到城市发展和治理层面,旨在围绕信息技术、生命健康、智能制造等战略性新兴产业,把产业领军人才、创新创业者、风险投资家等各类人才作为城市的合伙人,从而建立起人才与城市之间"平等互惠""开放包容"的伙伴关系,在共同愿景下结成"奋斗共同体""利益共同体"和"命运共同体",共同创业、共历艰辛、共享成果、共创未来,共同实现合伙人的事业梦和城市的复兴梦。为将"城市合伙人"理念转变为真实城市合伙人,武汉聚焦三大产业,围绕人才管理、引进、培养、评价、流动、激励等方面,印发《关于深化人才发展体制机制改革　推动建设具有强大带动力的创新型城市的实施意见》;出台"产业领军人才""知名创业投资人""优秀青年创新创业人才"三类10条政策清单,着力破除制约人才发展的体制机制障碍,最大限度地释放人才创新创业活力,尽最大力度为潜在"城市合伙人"提供成长和发展良好环境,不断聚焦重点行业领域人才。

2016年,武汉成功认定"城市合伙人"116名,引进创新创业领军人才251名,引进培育海内外高层次创新创业人才1467人,留在武汉就业创业高校毕业生达到15万人,全市各类人才总量达到233.2万人,有力地支撑了全市产业的转型发展。武汉"城市合伙人"理念向现实的有效转变,让"奋斗共同体""利益共同体"和"命运共同体"等深入人心,有力增强了各类人才对城市本身的认同感,不断增强其对自身所在城市继续奋斗的获得感和主人意识,对武汉自身及其他地区培育人才、引进人才、聚集人才有重要借鉴意义。

（三）以"工研院"为龙头加快建设企业创新体系

武汉是全国科研教育重镇,科教资源一直也是武汉"最大的优势",为打造武汉科技优势向经济优势转化的重要平台,早在2009年,武汉就开始探索"以市场化模式运营,培育打造政、产、学、研、用相结合的技术研发、成果推进、协同创新平台——工研院(工业技术研究院)",其最主要的特点就是以市场机制为基础,培育形成集科技创新与产业化为一体的新型研发机构,推动科技成果转化。一是坚持以"市场化导向、企业化运作"的理念,推进工业技术研究院市场化改革,如在机制体制创新上,积极探索实行董事会领导下的院长负责制;二是深入推进职务科技成果"三权"(所有权、处置权、收益权)改革,建立科技成果转化为导向的评价和激励机制,研究制定支持高校、科研院所职务科技成果转化的实施方案和配套政策,改革高校教师、企事业单位科研人员考核办法等;三是系统调整科技政策,在不断加大政策支持力度鼓励"大院大所"科技创新的同时,采用发放科技创新券和科技创新基金等方式,激励企业加大研发投入。

武汉"工研院"模式,通过市场机制,将政府和市场的科技创新资源有效整合,将大量沉淀的科技资源激活转化为现实生产力。自2009年武汉推动成立第一家工研院——武汉新能源研究院,到2016年年底,形成了以光电子、智能装备、导航与位置服务等十大工业研究院为龙头的创新体系,形成了一批重大原始创新成果,培育和项目孵化能力不断增强,基本实现较好地引领带动相关产业集群化发展的效果。截至2016年,全市工研院累计孵化企业279家,其中29家已通过高新技术企业认定,在研项目363项,开展科技成果转化项目512项;全市发明专利授权量达6514件,同比增长8.5%,PCT国际专利申请量达712件,同比增长83.98%,在15个副省级市中居第4位;全市登记技术合同16733项,技术市场合同成交额达504.21亿元,比2016年增长7.0%,登记额位居15个副省级市第一;涌现出超高速超大容量超长距离光传输、首台常温常压储氢·氢能汽车等一批世界领先的自主创新成果。

(四) 推动"投贷联动"促进科技金融结合

投贷联动是指银行等金融机构以"信贷投放"与本集团设立的具有投资功能的子公司"股权投资"相结合的方式,通过相关制度安排,由投资收益抵补信贷风险,实现科创企业信贷风险和收益的匹配,为科创企业提供持续资金支持的融资模式。① 武汉是国家批准的投贷联动试点

---

① 中国银监会、科技部、中国人民银行:《关于支持银行业金融机构加大创新力度开展科创企业投贷联动试点的指导意见》(银监发〔2016〕14号)。

城市,推动投贷联动试点实践。一是完善风险投资机制,明确政府与试点银行风险分担的办法、试点银行的考核办法等,筹划设立总规模 10 亿元的政府天使投资母基金,发挥政府"最大天使投资人"作用,积极引导社会资本参与天使投资;二是不断创新财政科技投入机制,深化财政专项资金改革,改变原来"撒胡椒面"的财政投入方式,将分散在各个部门的扶持科技产业发展的各类专项资金,划入产业投资引导基金统一运作,大力支持新兴产业发展;三是针对种子期、初创期、扩展期、成熟期及上市企业的不同形态,培育发展天使投资、创业投资、夹层投资、产业投资基金等,培育打造覆盖创新创业企业全生命周期的投资基金链条。

武汉"投贷联动"实践,既有效丰富了科技金融产品,也为市场潜力大的企业和产品提供了重要机遇,有效地缓解了企业创业初期的资金压力。2016 年,全国首个科技金融指数在武汉发布,全年武汉市科技贷款余额达到 1741.01 亿元,科技保险保额达到 172 亿元,科技金融引导基金规模达到 80.89 亿元,地区活跃的创投机构达 724 家,风险投资规模达 1074 亿元。全市通过"信用贷款保障+贷款贴息"的方式,合作银行对 148 家中小企业授信 6083 万元,向 414 家企业发放总额为 3000 万元的创新券,有效地破解了科技型中小企业资金"瓶颈"。

专栏 3-4　京津冀、四川省、武汉市全面创新改革试验区建设大事记

时间	京津冀	时间	四川省	时间	武汉市
2015 年 9 月 7 日	京津冀被正式确立为国家全面创新改革试验区	2015 年 9 月 7 日	四川省被正式确立为国家全面创新改革试验区	2015 年 9 月 7 日	武汉市被正式确立为国家全面创新改革试验区
2015 年 9 月 22 日	北京市新技术新产品(服务)首发平台发布暨众创空间工作推进会在北京市科委举行	2015 年 11 月 17 日	四川省委十届七次全会审议通过《中共四川省委关于全面创新改革驱动转型发展的决定》,将全面创新改革列为四川"一号工程"	2016 年 2 月 27 日	全面启动实施"创谷计划"

时间	京津冀	时间	四川省	时间	武汉市
2015 年 9 月 25 日	京冀共同发布《北京(曹妃甸)现代产业发展试验区产业发展规划》	2015 年 12 月 11 日	出台《绵阳市军民融合企业认定管理办法(试行)》(绵府办发〔2015〕84号),在全国率先开展军民融合企业认定工作	2016 年 2 月 23 日	国务院批复国家存储器基地落户武汉 3 月 28 日,国家存储器基地项目启动
2015 年 10 月 16 日	2015 金融促进京津冀协同发展峰会在廊坊召开	2016 年 1 月 18 日	绵阳市与西南科技大学共建的四川省军民融合研究院在绵阳举行挂牌仪式	2016 年 3 月 30 日	公布首批 60 位武汉"城市合伙人"
2015 年 12 月 18 日	京津冀技术转移协同创新联盟在北京成立	2016 年 2 月 2 日	由中国工商银行绵阳科学城支行、剑南支行和高新支行三家银行成立的"军民融合金融服务中心"正式启动	2016 年 4 月 5 日	国家科技体制改革和创新体系建设领导小组会议审议通过了《武汉系统推进全面创新改革试验加快建设具有全球影响力的产业创新中心方案》
2016 年 1 月 20 日	京津冀钢铁联盟(迁安)协同创新研究院在迁安举行签约仪式	2016 年 4 月	四川省委常委会议定设立全国首个军民融合产业发展基金,总规模达 100 亿元,主要用于投向"民参军""军转民"及军民两用技术产业化等重大项目	2016 年 6 月 24 日	国务院正式发布《国务院关于武汉市系统推进全面创新改革试验方案的批复》(国函〔2016〕113号)
2016 年 1 月 29 日	中关村亿蜂·汇博创新创业基地在保定启动	2016 年 4 月 12 日	举办"2016 中外知名企业四川行"军民深度融合发展专题推进活动,成为第一个与国家国防科工局和各大央属军工集团建立战略合作关系的省份	2016 年 7 月 28 日	审议通过《关于鼓励创新 宽容失败 促进全面创新改革试验的决定》
2016 年 2 月 26 日	京津冀人才一体化发展部际协调小组第一次会议	2016 年 4 月 13 日	全国首个网络信息安全产业园——中国电科(成都)网络信息安全产业园在成都举行奠基仪式	2016 年 8 月 8 日	审议通过《关于实施"十大计划"加快建设具有强大带动能力的创新型城市的意见》,武汉提出率先建成具有强大带动力的创新型城市

时间	京津冀	时间	四川省	时间	武汉市
2016 年 3 月 2 日	召开京冀科技合作工作座谈会	2016 年 4 月 26 日	成都宣告成立四川军民融合高技术产业联盟，拥有 58 家成员单位和 36 位专家委员	2016 年 8 月 30 日	印发《武汉市产业创新能力倍增计划（2016—2020）》（武办发〔2016〕27 号）；同日在光谷资本大厦举行投贷联动首批贷款发放仪式
2016 年 3 月 10 日	京津冀技术转移协同创新联盟工作座谈会在石家庄召开	2016 年 5 月 19 日	四川成立省军民融合发展推进领导小组，设立领导小组办公室	2016 年 8 月 31 日	党中央、国务院决定，在湖北省设立自贸试验区，明确要求湖北省主要落实中央关于中部地区有序承接产业转移、建设一批战略性新兴产业和高技术产业基地的要求
2016 年 4 月 12 日	天津科技成果转化交易市场启动建设	2016 年 5 月 26 日	绵阳市揭牌运营全国首个军民两用技术交易平台——国家军民两用技术交易中心	2016 年 9 月 13 日	印发《中共武汉市委、武汉市人民政府关于实施"十大计划"加快建设具有强大带动力的创新型城市的意见》（武发〔2016〕19 号）
2016 年 5 月 18 日	京津冀大数据产业发展高端会议在廊坊召开，京津冀大数据联盟揭牌	2016 年 7 月 4 日	国务院批复同意《四川省系统推进全面创新改革试验方案》（国函〔2016〕112 号），四川省委于 2016 年 7 月召开专门会议，对系统推进全面创新改革试验工作作出整体部署	2016 年 2 月 26 日	发出《中共武汉市委、武汉市人民政府关于加快实施"创谷"计划的通知》的通知
2016 年 6 月 24 日	国务院批复同意《京津冀系统推进全面创新改革试验方案》	2016 年 8 月 23 日	印发《四川省推动军民深度融合发展实施方案》（川委厅〔2016〕49 号）；《四川省推动军民深度融合发展 2016 年工作计划》（川委厅〔2016〕51 号）	2016 年 10 月 13 日	武汉"城市合伙人"计划登上华文报纸《欧洲时报》，邀约全球英才来汉创新创业，在欧洲华人世界产生广泛影响

时间	京津冀	时间	四川省	时间	武汉市
2016 年 6 月 7 日	以"创意与可持续发展"为主题的第二届联合国教科文组织创意城市北京峰会在京开幕	2016 年 8 月	印发成都、德阳、绵阳、天府新区和攀西战略资源创新开发试验区 5 个系统推进全面创新改革试验方案	2016 年 10 月 30 日	出台《市人民政府关于支持试点银行开展投贷联动业务的意见》（武政〔2016〕46号）
2016 年 7 月 27 日	河北省出台支持科技创新"政策组合包"	2016 年 8 月 12 日	"四川省军民融合高新装备先进材料产业联盟"在成都成立	2016 年 11 月 16 日	德勤发布"2016德勤高科技高成长中国 50 强"报告，武汉共有 10 家企业入列仅次于北京
2016 年 8 月 30 日	"京津冀技术转移人才实训基地揭牌仪式暨 2016·技术转移高级人才实训班"在京顺利举办	2016 年 9 月 9 日	举行四川省暨成都市军民融合重大项目签约仪式，共签约 27 个项目，总金额约 580 亿元	2016 年 11 月 22 日	全国首个科技金融指数——"武汉科技金融指数"发布
2016 年 10 月	全国首批国家科技成果转移转化示范区——河北·京南国家科技成果转移转化示范区（以下简称"京南示范区"）获科技部批复	2016 年 9 月 12 日	发布包括军民融合发展改革试点、成果转化等"9 张清单"	2016 年 12 月 26 日	武汉矽感科技有限公司授权的发明专利"一种二维条码编解码方法"获第十八届中国专利金奖，系武汉市连续三年获得的第四个中国专利金奖项目
2016 年 11 月 4 日	围绕"京津冀全面创新改革试验"召开京津冀政协主席联席会议第二次会议	2016 年 9 月 22 日	印发《四川省促进科技成果转移转化行动方案（2016—2020 年)》	2016 年 12 月 26 日	印发《武汉市信息技术产业发展规划（2016—2020 年）》（武创改组发〔2016〕2号）
2016 年 12 月 28 日	中国信息科技创新成果转化大会在固安举行				

第四章 区域创新瓶颈:制约与痼疾

当前,中国区域创新既呈现诸多新形势、新变化、新特点,也面临如管理体制条块分割、评价激励维度单一等体制痼疾,还存在创新贫困陷阱风险凸显、行为主体缺乏联动、成果产出贡献不高等新阶段下日益凸显的现实难点问题。

一、创新管理体制条块分割

区域创新管理体制涉及行政区划管理和部门垂直管理两个维度,条款分割现象突出。一方面,行政区划管理体制下的横向块状分割。根据经济合作与发展组织的观点,一个国家或区域创新体系的绩效很大程度上取决于创新行为主体如何相互联系起来形成一个知识流动和使用的集合体。① 但现实的问题是,国家或区域创新所强调的交互学习与合作创新特征长久以来被我国的行政区划体系所削弱,创新主体及要素在区域乃至国家层面的流动性较弱。② 另一方面,跨部门管理体制下的纵向条状分割。如重大科研机构,其审批和主管部门分别为国家科技部、国家发展改革委、工信部、教育部、交通部、农业部等,各主管部门批准组建的机构没有充分优化、整合现有科技资源,甚至对本系统、本部门内的相关资源也未充分利用,导致许多科研机构的研究条件差、研究力量薄弱。创新资源的分散化管理无法有效防止建设中不断发生的分散、重复行为,有限

---

① OECD[1997]:National Innovation System,p.10.
② 朱凌:《中国区域间的创新合作网络》,浙江大学出版社 2013 年版,第 1 页。

的创新资源不能发挥最大的效益。

二、创新贫困陷阱风险凸显

发展经济学中的贫困陷阱,是指由于经济中存在恶性循环,而使发展中国家陷入贫困落后之中难以摆脱,其基本原理是处于贫困状态的区域或主体由于贫困而不断地再生产出贫困,长期处于贫困的恶性循环。区域创新具有累积效应和路径依赖特征,因此也具有区域间创新水平差距固化的内在机理,存在陷入"创新贫困陷阱"的可能性。2017年度区域创新指数评价表明,我国区域创新活动越来越集聚在少数地区,呈现出"俱乐部收敛"趋势,区域创新水平集中程度进一步强化,在高水平区域趋同稳定性进一步增强的同时,若缺乏积极的政策干预,低水平区域陷入"创新贫困陷阱"的风险将增强。从邻域创新的溢出效应来看,地域相邻以及水平接近是接受溢出效应的两大关键因素,即若区域创新水平太低,则即使与高水平区域相邻,接受溢出效应从而提升自身创新水平的难度也更大;若低水平区域彼此相邻,则更易于彼此制约陷入"创新贫困陷阱"。

三、创新行为主体缺乏联动

构成区域创新体系的行为主体是多元的,包括企业、科研机构、教育与培训机构、政府部门等行为主体,其中企业是技术创新和知识应用的主体,科研机构和高等院校是从事知识生产及传播的行为主体[1],在区域创新中发挥重要作用,但受传统体制的制约,多元化的创新行为主体间缺乏联动。一方面,创新平台建设中政企沟通协调不足。目前产业园区、创新创业平台等创新载体更多的还是由政府主导,企业创新载体发展不足,规模以上企业中拥有研发机构的企业所占比重极低,广大小微企业更是不

---

① OECD[1997]: National Innovation System, p.10.

具备技术创新的能力,导致创新载体与企业创新的实际需求间存在较大差距。另一方面,政产学研用结合不紧密。一些区域虽然集聚了大量的大专院校、科研院所和人才资源,但尚未形成有效的政产学研用联动机制,对高校、科研院所等创新资源的整合利用不足,大量优秀科研成果未能在本地实现产业化,创新潜力未能转化为现实生产力。

四、创新成果产出贡献不足

近年来,我国区域创新成果产出日益丰富,但立足于新时代新目标新要求,区域创新成果产出对区域发展的贡献仍需进一步提高。一方面,缺乏具有战略意义的重大创新成果。新时代知识经济背景下,原始创新已经成为区域间竞争成败的"分水岭"。但目前区域创新仍以跟随式创新为主,虽然一些区域已经成为世界制造工厂的重要组成部分,但是重点行业核心关键技术的掌握和开发仍未达到国际先进水平,原始创新能力仍然不足。另一方面,创新成果对产业转型升级的支撑不强。区域创新成果要转化为现实生产力必须以产业发展需求为导向,但目前大部分区域仍存在创新成果与产业发展需求脱节的问题,即不仅要注重研究开发的创新,也突出市场导向的产品设计、市场模式以及市场开拓创新。这是造成多数专利技术的针对性差、自身转化力弱、对外转化难等实际问题的重要原因之一。

五、创新评价激励维度单一

现行创新评价激励政策由传统科技、学术管理体制延续而来,存在评价维度、激励方式单一的问题。从评价导向来看,普遍存在重数量不重质量、重经费不重水平、重产出不重应用、重成果不重人才等问题。在评价主体方面,不区分基础研究、应用研究、实验发展等不同创新活动特性,一概以学术专家为评价主体,缺乏来自成果使用方对成果应用和市场价值的评判。这一方面难以实现对应用研究、实验发展类创新成果的全面客观评价；另一方面也从评价导向上削弱了研发单位和人员推动成果转化的动力，导致应用研究、实验发展类创新活动偏离市场需求目标。此外，虽然中央已明确了进一步激励科研人才流动的政策导向，但在现行科研机构对科研人员身份、职称、工资等人事管理制度中，仍未细化鼓励科研人员离岗创业的具体政策。

第五章　区域创新对策:应对与突破

进入新时代,区域创新的影响将突破经济增长的单极局限,成为政治经济社会文化全面进步的发展动能和决定性因素。立足新起点,要以"区域创新系统化、创新空间协同化、创新动力多元化、创新转化高效化、创新治理现代化"五化联动推动区域创新进入"新时代"。

一、强化顶层设计,推进区域创新系统化

立足本区域创新资源密集的优势,加大政府的统筹管理力度,发挥企业、科研机构、教育与培训机构各主体的作用,促进创新平台的整合与集成,形成系统化的区域创新体系。一是优化创新网络中政府职能定位。避免政府对区域创新的直接干预,更多地通过科技金融、税收优惠等政策,引导、支持和服务企业、高校、科研机构积极参与研发,促进顶层设计与基层探索的良性互动。强化政府对区域创新平台建设的宏观调控能力,强调跨部门、跨行业、跨地区的组织协调,突出创新平台资源整合与共享。二是构建跨区域的创新资源共享机制。打破行政壁垒,加强区域创新腹地对区域创新高地先进技术、高层次人才、管理经验和资金等要素资源空间溢出效应的吸收利用,有效整合国家和地方资源,搭建创新资源共享平台,最大限度激发和释放创新资源的共享程度和利用效率,形成区域创新的合力。三是建立跨主体的联合攻关机制。加快重点领域关键核心技术联合攻关,以提升产业技术水平和创新能力为目标,以突破关键核心技术和掌握自主知识产权为重点,以创新平台、产业技术创新联盟、产业

研究院为载体,集成力量、协同创新,推进重大产业技术研发。

二、打破锁定效应,推进创新空间协同化

由于我国区域创新已呈现出了较为明显的"俱乐部效应",为避免低水平区域被锁定陷入"创新贫困陷阱",应从国家总体战略布局出发实施差别化的区域创新战略,推进创新空间协同化。一是实施差别化的区域创新战略。在注重发挥高水平创新区域对邻域创新水平提升的溢出带动效应的同时,从低水平区域中,选择创新水平相对较高、创新发展潜力较强的区域进行重点支持,以点式突破打破锁定效应。二是强化以城市群为载体的协同创新。顺应区域发展以城市群为载体集聚扩散的基本规律,强化京津冀、长三角、珠三角、长江中游、成渝、中原、哈长和北部湾等城市群在推动区域创新中的主阵地作用,支持通过城市间规划引导、政策协同、企业联盟等形式形成城市群创新网络,以群体协同打破锁定效应。三是注重发挥区域创新的地理邻近效应。基于创新水平的邻域溢出效应,各地方政府在制定本区域创新规划和政策时,应注重考虑对相邻区域创新资源的统筹整合,以合作共赢理念打破地理及行政区域分割,建设跨区域的创新空间和载体,构建创新资源跨区域流动配置的体制机制,最大限度地发挥区域创新协同效应。

三、激发主体活力,推进创新动力多元化

发挥企业、科研机构、教育与培训机构等各类主体作用,支持建立以企业为主体、市场为导向、产学研相结合的区域创新体系,形成多元主体推动区域创新的局面。一是做实企业创新主体地位。积极引导和吸引企业参与平台建设,通过引导企业建立研发机构、加强企业技术中心的管理和认定,鼓励企业技术中心实施创新能力建设项目,大力提升企业创新能力;鼓励企业以自身为中心,与高等院校、科研机构及重要用户建立以产

权为纽带的各类技术创新合作平台，在获得财政科技经费支持的同时，使企业成为平台建设的投入主体、应用主体和技术创新活动主体。二是发挥科研及教育机构知识驱动作用。强化知识驱动创新，激发区域科研及教育机构的创新能动与互动精神。以科研及教育机构中的研究机构为创新节点，通过引导区域知识集群的形成，促使科研及教育机构的学科资源、学术成果、人才培养等与创新体系的需求相契合。引导企业在知识储备丰富的地方集聚，发挥人力资源和知识流动的黏胶作用，形成以知识为基础的产业集群，激励企业间和产业间的知识溢出，以区域创新实现更好的外部经济效果。三是发挥用户需求端对区域创新的引导作用。借助大数据等技术手段，为用户获取专业技术、提高创新能力、促进知识学习和创新扩散提供有效的平台，借助地域、资本市场、产业链优势，统筹推进基于用户需求的模式创新、技术创新、产品创新和服务创新。

四、突出应用导向，推进创新转化高效化

坚持以应用为导向，围绕区域发展需求推动创新，促进科技项目成果高效转化。一是围绕产业链部署创新链。制定面向未来和全球竞争的"技术路线图"，建立相关企业、高等学校、科研院所、政府和中介机构等形式多样的"协同体"或"协同创新中心"，突破行业、系统的体制障碍，研究和鼓励更加灵活的资源整合、知识共享、利益分配、风险共担的新的协同方式。根据不同区域产业结构变化的不同规律，探索、研究并有效发展跨专业、跨行业、跨机构的产业合作领域以及培育发展差异化的新产业类型。二是针对产业空缺部署创新重点。针对产业发展中带有战略意义的重大技术、产品与系统工程，建立政产学研用合作联盟机构，推动企业、院所、高校联合，并吸收金融与投资机构建立合作联盟，探索和研究推动"政产学研用金"合作创新平台建设，进而促进形成弥补产业环节空白的经济实体。三是利用新模式紧跟产业需求。利用平台经济、共享经济等新模式，结合地方产业优势，推进信息互通与跨部门协同平台、商务公共

服务云平台、军民融合公共服务平台建设,完善有利于新经济发展的政策体系,形成紧跟产业需求的区域创新机制。

五、坚持改革创新,推进创新治理现代化

以实现创新驱动发展为导向,着力运用市场化手段激发创新主体的发展活力,构建系统完备、科学规范、运行有效的制度体系,推动创新由管理向治理转变。一是优化制度设计。制度构建了区域创新活动最重要的科研环境和保障机制,调节着创新资源的配置,引导着创新主体的价值取向,规定着相应的评估标准和激励方式。[①] 基于此,要对区域创新活动顺利开展应具有的体制机制、管理制度、法律法规等进行整体性设计优化。二是完善政策体系。加快推进地方区域科技领域简政放权、放管结合、优化服务改革,推行科研管理清单制度,赋予科研院所和高校更多的科研自主权。完善要素激励政策,加大成果处置、收益分配、股权激励、人才流动、兼职兼薪等政策地方落实力度,开展股权激励试点,鼓励专利、商标等知识产权出资,探索推行实施期权、技术入股、股权奖励、分红权等多种形式的激励。健全知识产权保护体系,构建知识产权创造、保护、运用体系,扎实开展知识产权宣传培训,发挥知识产权保护对区域创新的正向激励作用。三是倡导创新文化。把创新文化的价值追求融入人的基本价值追求之中,在创新思维模式上形成更强的发散性和兼容性,在社会文化氛围上突出科学精神与人文精神的深度融合,在全社会培育创新意识、倡导创新精神、完善创新机制,形成宽松、自由、和谐、友好的创新文化氛围。

---

① 李惠国:《创新文化是科技创新的重要元素》,《发展导报》2016 年 9 月 27 日。

特别说明

　　由于创新指标数据的统计口径不一致等原因,本书的研究对象暂未包括我国港澳台地区。

　　因部分地级市数据采集相对困难,中国区域创新指数年度报告地级市创新指数计算所使用的数据为报告年度前两年数据,如《中国区域创新指数年度报告(2015)》地级市创新指数数据均为 2013 年年底数据,其他部分的分析则采用撰稿时最新的数据。

　　我国除直辖市之外的地级以上行政区划单位共有 300 多个(含省会城市、自治区首府、计划单列市等副省级城市),因自治州、盟的数据采集困难,本书创新元创新指数部分仅对全国地级市(不包含 4 个直辖市和三沙市)进行分析,含省会城市、自治区首府、计划单列市等。

　　资料主要来源为《中国统计年鉴》《中国科技年鉴》《中国城市统计年鉴》、各省统计年鉴、各省科技年鉴。因部分数据无法从上述年鉴中获取,项目组采用了一些地区统计公报、科技统计公报的数据。

　　因时间和条件限制,本书还有很多需要完善的地方,尤其是个别地区指标数据收集不完整,可能没有完全体现其创新实践,还望读者谅解。最后,报告撰写中还广泛参考了国内外专家学者的重要研究成果,在此一并表示诚挚的感谢!

附　录

附录1　中国区域创新指数报告(2016)评价指标体系及主要计算方法

一、区域创新评价指标体系

(一) 评价目标及对象

评价目标：一是客观、科学反映我国区域创新水平；二是为政府及主管部门制定区域创新规划和发展政策提供依据；三是为各创新主体的创新实践提供参考借鉴。

研究对象：基于本书提出的"创新元"概念，将除重庆等4个直辖市，三沙市、昌都市和日喀则市以外的285个副省级城市和地级市作为研究对象。

(二) 指标选择的原则

导向性原则。指标设置一方面充分体现国家对区域创新政策的倡导立场，反映国家有关创新发展目标的现实关切；另一方面体现聚焦创新元、启航创新2.0新时代的基本主张。

系统性原则。指标设置全面考察区域创新水平，评价结果包括综合指数和分项指数，系统反映各区域创新在环境、投入和产出方面的情况。

可操作性原则。指标设置力求科学、简单、适用，充分考虑数据采集的可行性、持续采集的可能性以及与国家现有统计指标体系的有效衔接。

（三）指标体系及解释

中国区域创新指数指标体系包括创新环境、创新投入、创新产出 3 个一级指标，9 个二级指标和 16 个三级指标构成（见附表 1）。

附表 1　中国区域创新指数指标体系

一级	二级	代码	三级
创新环境	经济	1	人均 GDP
		2	出口额占 GDP 比重
	金融	3	金融机构本外币贷款余额
	信息化	4	每百人互联网宽带接入用户数
		5	信息传输、计算机、软件服务就业人员占总就业人员比重
	空间集聚	6	人口密度
		7	省级以上园区数
创新投入	人力资源	8	每万人 R&D 人员数
		9	普通高等学校在校学生数占总人口比重
	资金	10	R&D 经费占 GDP 比重
		11	科技技术支出占公共财政支出比重
		12	教育经费支出占公共财政支出比重
创新产出	知识产权	13	每万名 R&D 人员专利授权数
	技术应用	14	百万人口技术合同成交额
	价值实现	15	劳动生产率
		16	每万元 GDP 能耗

一级指标说明：

● 创新环境反映某一区域创新活动依赖的软硬外部环境，包括经济、金融、信息化和空间集聚 4 个二级指标。

● 创新投入反映某一区域实施创新活动所需的资源，包括资金、人力资源 2 个二级指标。

● 创新产出反映某一区域创新活动产生的效果，包括知识产权、技术应用和价值实现 3 个二级指标。

二级指标说明：

• 经济是指区域经济实力。

• 金融是指投入创新活动的货币情况。

• 信息化是指信息化应用和消费情况。

• 空间集聚是指人口集聚程度和城镇化程度。

• 人力资源是指创新活动的人力投入。

• 资金是指创新活动的经费投入，如政府、企业等。

• 知识产权反映创新活动的中间产出。

• 技术应用反映创新成果的社会和市场认可情况。

• 价值实现反映创新转化为生产力，推动经济、改善能耗和环境的情况。

二、数据处理及指数计算方法

区域创新指数的计算采用国际上较为通用的标杆分析法，对被评价的对象给出一个基准值，以此为标准去衡量所有被评价的对象。指标基准值采用欧洲创新记分牌（EIS）的方法，即指标在某一时期的最大值和最小值之差，指数结果用于反映同一时期不同区域的创新水平差异与位次。

（一）数据处理方法

正指标和逆指标的无量纲化处理方法如下：

正指标：$X_{ij} = (x_{ij} - x_{j\min}) / (x_{j\max} - x_{j\min})$

逆指标：$X_{ij} = (x_{j\max} - x_{ij}) / (x_{j\max} - x_{j\min})$

式中，i 代表某个地区；j 代表某项指标；x_{ij} 为 i 地区 j 指标的实际值；$X_{j\max}$ 为 j 指标的最大值，$X_{j\min}$ 为 j 指标的最小值；X_{ij} 为 i 地区 j 指标无量纲化处理后的值。

（二）权重确定方法

本书采用"逐级等权法"进行权数的分配，即某一领域内一级指标的权数均为 1/3；某一领域内二级指标的权重为 $1/n$（n 为该领域下指标的个数）；某一领域内三级指标的权重为 $1/m$（m 为该领域下指标的个数）。则某项指标的权重为：$b_j = 1/3mn$。

（三）指数计算方法

计算步骤为：计算三级指标，通过小项得分，反映各地创新情况；计算二级指标，通过分项指数得分反映各地在创新环境、创新投入和创新产出3个方面的发展情况；计算一级指标，得到创新综合指数，反映各个区域创新水平总体情况，最后以不影响各级指数排名的方法，对各级指数进行加权。

指数计算方法如下：

$$Z_{ij} = X_{ij} \times b_j$$

式中，Z_{ij} 为 i 地区 j 指标的指数值；X_{ij} 为该指标无量纲化处理后的值；b_j 为指标的权重。

总指数 Z_i 计算方法如下：

$$Z_i = \sum Z_{ij}$$

式中，Z_i 为第 i 个地区总指数。

各级指数借鉴功效系数法进行加权，计算方式如下：

各级指数评估分值 $di = Z \times C + D$

Z 为各级指数，C, D 为已知正常数，C 是对变换后的数值进行"放大"或"缩小"的倍数，D 是对变换后的数值做平移的"平移量"，即表示实际的基础分值。本书中，取 $C = 40, D = 60$，即基础分值为 60，最高分值为 100。加权后，各级指数排名不受影响。

附录2　中国区域创新指数报告（2017）评价指标体系及主要计算方法

一、区域创新评价指标体系

（一）评价目标及对象

评价目标：一是客观、科学反映我国区域创新水平；二是为政府及主管部门制定区域创新规划和发展政策提供依据；三是为各创新主体的创新实践提供参考借鉴。

研究对象：将286个"创新元"作为本书的主要研究对象。

（二）指标选择原则

导向性原则。指标设置充分体现国家创新驱动发展的政策导向，反映区域创新发展的主要目标与现实推动。

系统性原则。指标设置全面考察区域创新水平，评价结果包括综合指数和分项指数，系统反映区域创新在环境、投入和产出方面的情况。

可操作性原则。指标设置力求简单、适用，充分考虑数据采集可行性、时间成本、经济成本、持续采集的可能性，以及与国家现有统计指标体系的有效衔接。

（三）指标体系

中国区域创新指数指标体系由创新环境、创新投入、创新产出3个一级指标,8个二级指标和19个三级指标构成(见附表2)。

附表2　中国区域创新指数指标体系

一级指标	二级指标	代码	三级指标
创新环境	经济	1	人均 GDP
		2	进出口额占 GDP 比重
		3	实际使用外资占 GDP 比重
	金融	4	年末金融机构各项贷款余额占 GDP 比重
	信息化	5	每百人互联网宽带接入用户数
	空间集聚	6	人口密度
		7	省级以上园区数
		8	规模以上工业企业数
创新投入	人力资源	9	每万人 R&D 人员数
		10	信息传输、计算机、软件服务就业人员占总就业人员比重
		11	普通高等学校在校学生数占总人口比重
	资金	12	R&D 经费占 GDP 比重
		13	科技技术支出占公共财政支出比重
		14	教育经费支出占公共财政支出比重
创新产出	知识产出	15	专利授权数
		16	技术合同成交额
	价值实现	17	劳动生产率
		18	每万元 GDP 能耗
		19	城乡居民人均可支配收入

一级指标说明：

● 创新环境反映某一区域创新活动依赖的软硬环境,包括经济、金融、信息化和空间集聚4个二级指标。

● 创新投入反映某一区域创新活动所需的资源,包括人力资源、资金2个二级指标。

● 创新产出反映某一区域创新活动产生的效果,包括知识产出和价值实现2个二级指标。

二级指标说明：

● 经济是指区域综合经济实力。

● 金融是指投入创新活动的货币情况。

● 信息化是指信息化应用和消费情况。

● 空间集聚是指人口集聚程度和创新主体集聚程度。

● 人力资源是指创新活动的人力投入。

● 资金是指创新活动的经费投入,如政府、企业等。

● 知识产出反映创新活动的中间产出及创新成果的社会和市场认可情况。

● 价值实现反映创新转化为生产力,推动经济、改善能耗和提升居民收入的情况。

二、数据处理及指数计算方法

区域创新指数的计算采用功效系数法,即根据多目标规划原理,对每一项评价指标确定一个满意值和不允许值,以满意值为上限,以不允许值为下限,计算各指标实现满意值的程度,并以此确定各指标的分数,再经过加权平均进行综合,从而评价各个创新元的区域创新综合指数状况。本书各个指标的满意值为100,不允许值为60。

（一）数据标准化

正指标和逆指标的无量纲化处理方法如下:

正指标: $X_{ij} = (x_{ij} - x_{j\min}) / (x_{j\max} - x_{j\min})$

逆指标: $X_{ij} = (x_{j\max} - x_{ij}) / (x_{j\max} - x_{j\min})$

式中, i 代表某个地区; j 代表某项指标; x_{ij} 为 i 地区 j 指标的实际值; $X_{j\max}$ 为 j 指标的最大值, $X_{j\min}$ 为 j 指标的最小值; X_{ij} 为 i 地区 j 指标无量纲化处理后的值。

（二）计算信息熵

(1)计算第 j 个指标下第 i 个创新元的指标值的比重 p_{ij} ：

$$p_{ij} = Y_{ij} \bigg/ \sum_{i=1}^{n} Y_{ij}$$

(2)计算第 j 个指标的熵值 e_j ：

$$e_j = -k \sum_{i=1}^{m} p_{ij} \times \ln p_{ij} \text{，其中，} k = 1/\ln m ;$$

(3)计算第 j 个指标的熵权 w_j ：

$$w_j = (1 - e_j) \bigg/ \sum_{j=1}^{n} (1 - e_j)$$

（三）指数计算方法

(1)计算三级指标，即经济实力、金融深化、信息化水平、集聚状况、资金投入、人力投入、知识产出和价值实现。将各四级指标的原始数据标准化，然后根据熵权法计算得到的权重，采用功效系数法得到三级指标的指数值。

(2)计算二级指标，即创新环境、创新投入和创新产出。将各个三级指标的指数值标准化，根据熵权法计算得到的权重，采用功效系数法得到二级指标的指数值。

(3)计算一级指标，即区域创新指数值。将各个二级指标的指数值标准，根据熵权法计算得到的权重，采用功效系数法得到一级指标的指数值。

后　记

新时代中国发展进入新阶段，创新驱动发展战略成为引领中国发展的根本动力。对中国区域创新能力的探索，无论是对于创新网络和创新管理研究，还是对于企业创新实践和区域发展政策，都具有重要意义。迄今为止，四川省社会科学院、中国科学院成都文献情报中心、创新与发展战略研究中心已连续三年成功发布《中国区域创新指数报告》，受到社会各界的广泛关注，产生了良好的学术和社会影响。

2015年以来，我们立足区域经济发展前沿，始终坚持将"创新元"作为区域创新指数评价视阈的逻辑起点，关注区域创新能力空间上的横面分布、结构特征与发展分化，揭示区域创新的结构机理与演化规律。我们将三个年度的指数报告出版成册，是希望为地方政府提升创新活力提供参考，为广大学者拓展理论研究提供借鉴。

我们是一个既具备丰富经验又富有创新活力的研究团队。项目顾问由四川省社会科学院党委书记李后强教授，中国科学院成都文献情报中心主任张志强研究员亲自担纲；四川省社会科学院科研处处长廖冲绪，四川省社会科学院区域经济与城市发展研究所廖祖君负责具体执行；区域经济与城市发展研究所冉敏、张霞、高洁、肖华堂、王娟、刘静，经济研究所方茜，社会学研究所刘伟，农村发展研究所周小娟，科研处袁月，中科院成都文献情报中心肖国华等承担了研究和撰写工作。

在三年多的研究中，李后强教授多次亲自指导，参加课题组讨论，对课题研究贡献了大量智慧，提出了很多极富见地的观点和建议，还为本书的出版撰写了热情洋溢、充满睿智的序言。四川省社会科学院原纪委书记、中共四川省委宣传部副部长向宝云研究员亲自参与研究和讨论，为项目研究的深化作出了重要贡献。四川省社会科学院科研处廖冲绪研究员对本书的内容和结构提出了诸多建设性意见，并为成果年度发布、三年最终成果公开出版等工作提供了重要支持。

本报告的研究过程，也是项目团队不断学习、加深认识、提高水平的过程。我们不间断地到政府部门、创新型企业、大学与科研机构进行交流学习。交流过程中，无论是政府官员、企业领袖，还是学者大家，都坦诚相助，他们的新颖观点给了课题组很大启发。同时，在研究过程中我们也大量参考和借鉴了他们的前期研究成果，在此一并致以真诚的谢意。最后，要感谢人民出版社经济与管理编辑部的郑海燕编审，她的努力使本书能够尽早与读者见面，感谢人民出版社的鼎力支持。

对于课题组全体成员而言，过往三年所有的艰辛都已被初夏的凉风带走。"路漫漫其修远兮，吾将上下而求索。"如今我们将重整行装踏上新的征程，持之以恒地深度关注新时代中国区域创新问题，并为之付出更多的不懈努力，以期能够产生更有价值和更有影响的研究成果。

郭晓鸣

四川省社会科学院副院长、研究员

2018 年 5 月 20 日